**ALLÉGORIES POUR GUÉRIR ET GRANDIR**
*est  le cent quatorzième livre publié
par Les éditions JCL inc.*

DONNÉES DE CATALOGAGE AVANT PUBLICATION (CANADA)

Dufour, Michel, 1945-
    Allégories pour guérir et grandir
    (collection Psy populaire)
    Comprend des réf. bibliogr. et un index.
    ISBN 2-89431-114-1
    1. Symbolisme (Psychologie). 2. Imagerie (Psychologie).
3. Actualisation de soi. 4. Relations humaines. 5. Famille -
Aspect psychologique. I. Titre. II. Collection.

BF175.5.S95D83 1993          158          C93-097311-9

© *Les éditions JCL inc., 1993*
*Édition originale : novembre 1993*
*Première réimpression : mars 1994*
*Deuxième réimpression : septembre 1994*
*Troisième réimpression : avril 1995*
*Quatrième réimpression : novembre 1995*
*Cinquième réimpression : novembre 1996*
*Sixième réimpression : novembre 1997*
*Septième réimpression : décembre 1998*
*Huitième réimpression : mars 2000*
*Neuvième réimpression : octobre 2001*
*Dixième réimpression : septembre 2003*

# ALLÉGORIES
## pour guérir
## et grandir

COLLECTION
**PSY**
*populaire*

## DISTRIBUTEURS EXCLUSIFS

*Distributeur pour le Canada et les États-Unis*
LES MESSAGERIES ADP
MONTRÉAL (Canada)
Téléphone: (514) 523-1182 ou 1 800 361-4806
Télécopieur: (514) 521-4434

*Distributeur pour la France et les autres pays*
HISTOIRE ET DOCUMENTS
CHENNEVIÈRES-SUR-MARNE (France)
Téléphone: (01) 45 76 77 41
Télécopieur: (01) 45 93 34 70

*Distributeur pour la Suisse*
TRANSAT S.A.
GENÈVE
Téléphone: 022/342 77 40
Télécopieur: 022/343 46 46

 IMPRIMÉ AU CANADA

*Dépôts légaux*
3e trimestre 1998
Bibliothèque nationale du Canada
Bibliothèque nationale du Québec

© Les éditions JCL inc., 1993
930, rue Jacques-Cartier Est, CHICOUTIMI (Québec) G7H 7K9 Canada
Tél.: (418) 696-0536 – Téléc.: (418) 696-3132 – www.jcl.qc.ca
ISBN 2-89431-114-1

MICHEL DUFOUR

# ALLÉGORIES
## pour guérir
## et grandir

LES ÉDITIONS JCL

**MICHEL DUFOUR**

Diplômé en pédagogie, en sciences humaines et en santé communautaire, Michel Dufour possède une maîtrise en éducation, une attestation d'enseignement certifié en programmation neurolinguistique (PNL) et une formation supplémentaire reliée aux approches alternatives.

Il a travaillé comme enseignant pendant plus de 25 ans où il a eu à intervenir auprès de clientèles du primaire, du secondaire et d'adultes. Au cours des dix dernières années, Michel Dufour a surtout œuvré, en accord avec l'équipe multidisciplinaire, comme aide psychopédagogique auprès d'enfants de 5 à 12 ans ayant des difficultés d'apprentissage souvent reliées à une problématique d'ordre affectif. Il est présentement conférencier et animateur à temps plein.

Il est membre, entre autres, de l'Association des orthopédagogues du Québec (ADOQ), de l'Association québécoise des éducateurs et éducatrices du primaire (AQEP), de l'Association québécoise pour les troubles d'apprentissage (AQETA), de l'Association canadienne de programmation neurolinguistique (ACPNL) et de The Society Of Neuro-Linguistic Programming.

---

### *NOTE DE L'ÉDITEUR*

*Diverses animations sont proposées dans les bibliothèques et dans les groupes-classe des établissements scolaires. Différentes conférences et plusieurs ateliers sont offerts aux parents, enseignants, intervenants, aidants, congressistes de divers milieux. Ils permettent d'en apprendre davantage sur la PNL et sur la magie des contes et des allégories, leurs nombreuses applications, la façon d'en composer soi-même, etc. Pour plus d'informations, vous pouvez contacter l'auteur par télécopieur au numéro: 418-549-7439 ou par courriel: michel.dufour@videotron.ca*

*À l'être magique*
*qui nous habite*
*tous: l'ENFANT.*

## DU MÊME AUTEUR:

*Allégories pour guérir et grandir*, Paris, Éditions de l'Homme, 224 p., 1996, (ISBN 2-7619-1302-7).

*Allégories II. Croissance et harmonie*, Chicoutimi, Éditions JCL, 318 p., 1997, (ISBN 2-89431-150-8).

*Cuentos para crecer y curar*, Malaga, Éditorial Sirio, s.a., 236 p., 1998, (ISBN 84-7808-266-2).

*Allégories II. Croissance et harmonie*, Paris, Éditions de l'Homme, 318 p., 1999, (ISBN 2-7619-1487-2).

*Allégo rit avec les jeunes*, Chicoutimi, Éditions JCL, 145 p., 2000, (ISBN 2-89431-198-2).

*Nous reconnaissons l'aide financière du gouvernement du Canada par l'entremise du Programme d'aide au développement de l'industrie de l'édition (PADIÉ) pour nos activités d'édition. Nous bénéficions également du soutien de la SODEC et, enfin, nous tenons à remercier le Conseil des Arts du Canada pour l'aide accordée à notre programme de publication.*

# Remerciements

Écrire un livre est une entreprise qui exige beaucoup. En fait, ce défi aurait été impossible à relever sans l'encouragement et l'appui de plusieurs personnes de mon entourage qu'il est difficile de remercier individuellement.

Je serai toujours redevable à Jean Monbourquette, psychologue, théologien et philosophe, de m'avoir initié au monde fantastique des allégories et d'avoir accepté gracieusement de préfacer ce volume.

Un merci spécial s'adresse également à Pierre Nourry, psychologue, pour son enseignement sur la programmation neurolinguistique (P.N.L.) et pour avoir supervisé notre groupe de travail sur les allégories, pendant plusieurs mois.

Je suis reconnaissant envers Anne-Marie Minier pour ses conseils éclairés et judicieux au cours de la réalisation de cet ouvrage.

Je veux exprimer ma gratitude à Marie-Noëlle Pedneault pour son travail de secrétariat et son encouragement à l'exécution de ce travail.

J'ai une dette de profonde reconnaissance envers tous ceux et celles qui ont accepté sans réserve de me livrer leur conte métaphorique malgré les modifications que j'y ai souvent apportées ou qui ont consenti à l'expérimentation de plusieurs de mes allégories. Je pense entre autres à: Nancy Allard, Pauline Bolduc, Édith Boulianne, Annick Boudreault, Danielle Brasset, Yvan Desbiens, Eddy Dumoulin, Ginette Doré, Lise Girard, Céline Gravel, Régine Lavoie, Gabriel Lechasseur, Lise Pelletier, Jacques Perron, Gilles Robin, Régine Saindon, Gérard Savard, Isabelle Tardif, Colette Tremblay, Francine Tremblay, Jean Tremblay et Nicole Villeneuve. Je voudrais souligner la participation spéciale de Sylvie Tremblay pour sa collaboration aux allégories intitulées «Ma maison» et «À la conquête de la rivière».

Je tiens enfin à exprimer mes remerciements sincères à Roselyne Duchesne qui m'a encouragé et soutenu tout au long de la rédaction de ce livre et à Alfred Trottier qui a accepté d'en faire la révision linguistique.

# Table des matières

Thierry Prieur, M.A.
2125 St. Marc #2301
Montréal Qc H3H 2P1

**Thème 2**

*Sujets traités:*

# Préface

*Nous aurons tout vu: des éducateurs et des conseillers qui se font «conteurs». Quelle révolution dans le domaine de l'éducation et de la psychothérapie! Ou plutôt quel retour en arrière, au plus vieux mode d'apprendre, celui de la tradition orale! Le livre de Michel Dufour sur l'art de créer des histoires pour guérir et grandir nous invite à participer à cette expérience en pédagogie et en psychothérapie.*

*Les gens entretiennent souvent un certain mépris à l'égard des histoires comme moyen de communication. À preuve, lorsqu'ils voudront dénoncer une fausseté, ils la qualifieront volontiers de «mythe» (du mot grec signifiant «histoire»); ou encore ils diront à quelqu'un dont ils se méfient à cause de ses belles paroles: «Ne viens pas me raconter d'histoires.» Et pourtant, il existe une affinité indubitable entre le psychisme humain et l'art de s'exprimer par des histoires. Notre inconscient ne se plaît-il pas à nous raconter plein d'histoires sous forme de rêves durant notre sommeil? Et nous savons combien nous retenons plus de connaissances ou d'éléments de sagesse humaine quand ils sont transmis par le truchement des histoires.*

*Il existe plusieurs styles de conteurs utilisant différentes formes d'histoires. Faisons un petit inventaire des catégories de conteurs...*

*Vous avez le comédien qui utilisera des histoires pour faire rire et détendre son auditoire.*

*Le pédagogue, pour sa part, illustrera son enseignement à l'aide d'anecdotes ou de récits. Il incitera ainsi ses auditeurs à expérimenter sur place son enseignement, car le fait d'entendre une histoire est ce qui se rapproche le plus de l'expérience.*

*Quant aux conteurs folkloriques, ils se sont donné la mission de raconter les légendes, les épopées et les contes d'un peuple. Ils jouent le rôle de la mémoire d'un* peuple et l'aident à retrouver les racines de son âme.

Les traditions religieuses ont toutes leur répertoire d'histoires. Prédicateurs, enseignants et prophètes ont compris, depuis longtemps, que le moyen le plus propice de transmettre une expérience religieuse ou mystique, c'est d'utiliser les histoires. Pensons aux paraboles de Jésus, aux récits des maîtres soufis, aux récits hassidiques... Anthony de Mello, jésuite et prédicateur célèbre, devint tellement convaincu de la force des contes métaphoriques qu'il a abandonné toute prédication pour s'adonner uniquement à la narration d'histoires tirées de diverses traditions religieuses.

Récemment, sous l'influence de Milton Erickson, médecin hypnothérapeute américain, s'est développé en pédagogie et en éducation un nouveau mode d'intervention, à savoir l'allégorie thérapeutique. L'éducateur ou le thérapeute, après avoir compris la situation problème de la personne, lui invente une allégorie ou un récit métaphorique qui lui permet de voir son problème sous un nouveau jour et lui suggère des solutions. C'est cette forme d'utilisation des histoires que Michel Dufour a choisi d'explorer dans son ouvrage.

Comment l'allégorie thérapeutique agit-elle sur l'auditeur? On sait bien qu'elle a une influence, mais il est difficile d'expliquer le comment de cette influence. C'est un peu le mystère de la rencontre d'une histoire avec la créativité de l'inconscient. Il semble que l'inconscient de l'auditeur essaie d'établir une cohérence entre sa situation actuelle et les nouvelles données trouvées dans l'allégorie.

Un jour que je m'efforçais d'expliquer à un médecin le fonctionnement de l'allégorie sur un client, il résuma ainsi mon explication: «C'est un peu, dit-il, comme si vous vouliez faire à la personne une greffe de cœur ou d'intelligence.» Je crois qu'on ne saurait mieux définir l'objectif poursuivi par Michel Dufour dans son ouvrage Allégories pour guérir et grandir.

Jean Monbourquette

# Introduction

Depuis des temps immémoriaux l'homme raconte des histoires comme moyen de transmettre les valeurs culturelles, spirituelles et morales propres à chaque peuple. Pensons particulièrement aux histoires de la Bible, aux récits de Bouddha ou aux contes des soufis, qui servent, entre autres, de véhicules au savoir et de façons de communiquer avec l'Être suprême ou de se comprendre soi-même et de comprendre l'univers.

À travers les fables, les récits historiques, les contes de fées, les poèmes épiques, les légendes et les mythes, les gens ont sélectionné intuitivement des ressources étonnantes dans le but d'aider des personnes aux prises avec différents problèmes.

L'allégorie qui se situe au carrefour de toutes ces formes d'expression ouvre de nouvelles voies et permet de nouveaux espoirs.

L'allégorie réveille vraisemblablement le potentiel qui sommeille en nous, avec sa réserve illimitée de ressources qui ne demandent qu'à être actualisées. Lorsqu'au cours d'une allégorie, l'auditeur (et très souvent le narrateur) s'identifie au personnage de l'histoire, il apprend peu à peu à surmonter les obstacles qui l'empêchent de guérir et de grandir.

Mon but en écrivant cet ouvrage n'est pas de vulgariser cet outil extraordinaire mais plutôt de le rendre accessible à un plus grand nombre de personnes qui pourraient l'utiliser de façon judicieuse, sage, prudente, et avec discernement. Aussi, ce volume se veut éminemment pratique et facile d'utilisation.

Dans un premier temps, nous expliquerons ce qu'est l'allégorie, comment elle se construit et de quelle façon on la raconte.

Dans un deuxième temps, nous trouverons un recueil d'allégories (histoires métaphoriques) qui rejoint un grand nombre de situations problématiques courantes auxquelles, en tant que parent, professeur, thérapeute, intervenant, aidant naturel... nous avons à faire face quotidiennement.

# Première partie

# NOTIONS DE BASE

«Le don qu'a fait l'évolution à l'espèce humaine est justement la capacité à imaginer un projet, donc... à transformer le monde, à nous transformer nous-mêmes, nous, chaque personne, nous, la collectivité humaine.»

ALBERT JACQUARD

# Chapitre 1

# DÉFINITION ET
# FONCTIONNEMENT DE L'ALLÉGORIE

## Qu'est-ce qu'une allégorie?

Partons de la définition du *Petit Larousse* qui dit que l'allégorie (du grec allegoria) est «la représentation, l'expression d'une idée par une figure dotée d'attributs symboliques ou par une métaphore développée».

Quant à la métaphore, elle pourrait se définir comme un procédé par lequel on attribue à une personne ou à une chose un nom qui lui convient par une comparaison sous-entendue, une analogie. Ainsi, lorsqu'on dit de quelqu'un qu'il «brûle de désir», nous voulons dire par là que son désir est très intense.

Les enseignants, entre autres, utilisent depuis toujours des processus métaphoriques pour faire comprendre différentes notions aux étudiants. Un bel exemple est donné par Williams: «Le filtre d'un moteur à combustion interne a en commun avec le rein d'un organisme humain la fonction de filtrer les déchets. Le filtrage, dans l'un et l'autre cas, consiste à trier les molécules. Certaines molécules passent à travers le filtre. D'autres sont retenues. Le rein peut aussi être comparé au filtre d'une cafetière, à un tamis, à une passoire...» Aucun de ces exemples n'est exactement comme un rein humain, mais ils servent à nous éclairer sur la façon dont ce dernier fonctionne[1].

Un autre exemple peut encore illustrer cette façon de faire. Ainsi, un moteur d'automobile et un corps humain n'ont apparemment aucune ressemblance et pourtant le fonctionnement de la pompe du moteur se rapproche beaucoup de celui du cœur humain. Les ressemblances et les différences entre les deux peuvent contribuer à mieux nous faire comprendre leur mécanisme respectif[2].

L'allégorie ou la métaphore prendra cependant pour nous un contexte beaucoup plus large. Nous la définirons comme une histoire réelle (anecdote) ou fictive dont le but est d'informer, d'éduquer, de guérir et de faire grandir.

L'objectif de l'allégorie est d'attirer l'attention consciente de l'individu et de déjouer ses mécanismes de défense afin de lui permettre d'entrer en contact avec les forces de son inconscient, riches de possibilités et de solutions[3].

Un jour, un garçon que je savais turbulent et taquin, ne se gênant pas pour agacer ou bousculer les autres, me demanda si je pouvais lui expliquer comment se faire des amis. «Je suis toujours tout seul, disait-il, et les autres me fuient.»

«Peut-être puis-je t'aider, lui dis-je, mais auparavant, je vais te raconter une histoire: celle de Picky le Pic.

> Picky était un porc-épic. Il avait une drôle d'allure. Il ressemblait à une petite boule de poils, avec des yeux brillants, étincelants et un museau pointu. Les autres animaux de la forêt, en le voyant, avaient tendance à s'approcher de lui et à vouloir le connaître. Mais dès que l'un d'eux s'approchait de lui, Picky se sentait mal et, tout à coup, sans que rien ne puisse les en empêcher, ses poils se hérissaient et schlack!!! l'animal en prenait plein le nez et plein partout.
>
> Bientôt, la réputation de notre ami n'était plus à faire. Tout le monde savait qu'il ne fallait pas s'approcher de lui car c'était dangereux. On ne pouvait prévoir comment il allait réagir.
>
> Un jour, Picky se promenait seul dans la forêt, comme d'habitude, et il s'ennuyait. Il aurait bien aimé avoir des amis pour jouer mais dès qu'il apercevait un autre animal, aussitôt il le voyait déguerpir. Il avait déjà essayé de courir après ces animaux pour leur faire savoir son envie mais plus il courait, plus les autres se sauvaient.

Ce jour-là, il vit au pied d'un arbre un animal qui, étrangement, était immobile. C'était le lièvre Longues Oreilles qui reposait là. Picky s'en approcha lentement pour ne pas l'effrayer. Il fut étonné de voir que Longues Oreilles ne bougeait pas et tremblait de partout. «Pourquoi restes-tu là? lui demanda-t-il.

— Ne me fais pas mal, je t'en prie, lui répondit le lièvre, je me suis cassé la patte!»

Picky sentit immédiatement ses poils se baisser car il ne courait aucun danger et on avait besoin de lui. «Je vais rester avec toi, je vais t'aider, lui dit-il, ça me fait plaisir.»

Notre ami resta plusieurs jours avec Longues Oreilles à le soigner et à l'apprivoiser et ce dernier finit par guérir. Cela faisait un ami à Picky, un ami dont il avait besoin.

Un jour, Longues Oreilles dit au petit porc-épic: «Je vais partir, je veux revoir mes amis.

— Pourquoi ne restes-tu pas avec moi? On est bien, dit Picky. Maintenant mes poils ne se dressent plus avec toi. Tu m'abandonnes?»

Et en disant cela, notre ami sentait ses poils se hérisser de nouveau (colère... peur...)

«Reste calme, je ne t'abandonne pas, dit Longues Oreilles et, si tu veux, je vais te les présenter, mes amis.

— D'accord, dit Picky, ravi. J'attendrai ici; reviens vite!» Et ses poils retombèrent.

Et c'est ainsi que, jour après jour, Longues Oreilles alla chercher ses amis et en prenant beaucoup de précautions, il entraîna Picky à ne plus avoir peur, à s'approcher, à jouer, à se laisser caresser sans hérisser ses poils. Souvent les poils de Picky se redressaient sans crier gare. Longues Oreilles l'invitait alors à se reprendre tout de suite... et il demandait à ses copains de ne pas s'enfuir ou de reve-

25

*nir, juste pour aider Picky à ne plus hérisser ses poils. Graduellement, notre porc-épic en arriva à demeurer calme et à garder tous ses poils le long de son corps. Il se faisait de plus en plus d'amis qui apprenaient à le connaître et à l'apprécier.*

*À la fin de la saison, Picky filait le parfait bonheur. Il était maintenant entouré d'amis et ces derniers s'arrachaient le plaisir de se promener, de jouer ou simplement d'être avec lui[4].*

Sans attendre les commentaires du garçon, je lui dis que nous reparlerions plus tard de ce qu'il m'avait demandé et je passai à un autre sujet. Quelques semaines plus tard, il me dit, à brûle-pourpoint: «Je sais maintenant comment me faire des amis et j'en ai de plus en plus.»

Selon Bruno Bettelheim, l'enfant (et nous ajouterions volontiers l'adulte) a besoin des contes de fées, sortes de métaphores magiques, pour apprendre à résoudre les impasses de sa vie d'enfant, comme: réussir des tâches à première vue impossibles, surmonter des dangers, endurer des situations pénibles, prendre des décisions propres à assurer sa survie et son épanouissement personnel[5].

L'enfant a donc besoin de recevoir, sous forme symbolique, comme les allégories entre autres, des suggestions sur la manière de traiter ses problèmes et de s'acheminer en sécurité vers la maturité[6].

Mais les mentalités changent et les mœurs «évoluent». Nous sommes alors confrontés à de nouveaux problèmes et, sans discréditer les ressources du passé qui demeurent indispensables, nous devons penser à de nouveaux outils pour aider les gens à surmonter leurs difficultés. C'est dans cette optique que ce volume a été conçu.

L'allégorie devient dès lors un instrument précieux qui va mettre en mots ce qui autrement risquerait de rester enfoui dans le silence: les peurs, les angoisses, les désirs, les culpabilités, les rivalités, les énigmes, les interrogations de toutes sortes...

Finalement, comme le dit Vanasse, «la fonction des contes et des histoires est d'aider leur destinataire à se réconcilier avec ses propres pulsions, avec la réalité de l'existence et de la vie, où il y a certes l'autre et les autres, mais aussi le mal et la mort»[7].

Le contenu de l'allégorie n'a pas pour but de plaire mais s'il le fait, tant mieux. Dans l'histoire métaphorique, l'individu percevra parfois consciemment mais le plus souvent inconsciemment quelque chose qui le touche ou qui le concerne directement sur un point particulier de sa vie.

La personne trouvera donc ses propres solutions à la suite de ce que l'histoire lui aura raconté sur elle-même et sur ses conflits intérieurs, à ce moment précis de son existence.

L'allégorie, cette technique thérapeutique à la fois fascinante et puissante, a été développée et popularisée par le psychiatre américain Milton H. Erickson (1901-1980). Un grand nombre de ses «adeptes» ont d'ailleurs assuré sa diffusion à travers le monde, entre autres, Jacques Antoine Malarewicz, Jeffrey Zeig, Sidney Rosen, Jay Haley, David Gordon, Jean Monbourquette, Alain Cayrol, Josiane de Saint-Paul, Jean Godin, Richard Bandler, John Grinder, Paul Watzlawick, et j'en passe...

Ainsi, lorsqu'on demandait à Erickson le secret de ses réussites, il disait: «Ils sont venus ici et m'ont écouté leur raconter ces histoires. Puis ils sont repartis chez eux et ont modifié leur pratique[8].»

## Le cerveau: hémisphère gauche, hémisphère droit

Au cours des dernières décennies, les recherches sur le cerveau ont fait la preuve de sa dualité.

Galyean[9] affirme d'ailleurs que la théorie du cerveau droit et du cerveau gauche figure parmi celles qui ont le plus grand impact sur les programmes d'éducation actuels. Les chercheurs, tels J. Bogen, R. Ornstein, G. Sperry, H. Gordon, M. Gazzaniga, ont découvert que les hémisphères du cerveau semblaient traiter l'information de façon différente. L'hémisphère gauche prendrait en charge les activités rationnelles et analytiques comme le langage, l'écriture, l'arithmétique, la pensée linéaire, la communication digitale, les processus secondaires en psychanalyse, etc. L'hémisphère droit s'occuperait des activités sensibles, émotionnelles et globales, comme l'intuition, la synthèse, la compréhension du langage, la musique, le rêve, les gestes de routine, la communication analogique, les processus primaires en psychanalyse, etc.

Ainsi, là où l'hémisphère gauche saura distinguer un arbre après l'autre sans voir la forêt, l'hémisphère droit apercevra la forêt sans voir chacun des arbres[10].

L'hémisphère gauche serait comme la fourmi qui voit seulement les détails les uns après les autres quand elle se déplace alors que l'hémisphère droit serait comme l'aigle qui voit tout le territoire d'un coup d'œil quand il vole[11].

Aujourd'hui, les chercheurs ont cependant dépassé cette théorie et ont essayé de trouver un modèle qui, sans être définitif, est une façon d'informer et d'expliquer des données nouvelles.

Selon Williams[12], l'hémisphère gauche s'intéresserait aux composantes. Il traiterait l'information en séquences, en séries, selon une grille temporelle. Il décoderait les indices acoustiques (langage oral, mathématique, notions musicales) et les transposerait en mots après les avoir analysés.

L'hémisphère droit apparaîtrait comme le spécialiste du traitement simultané et analogique. Il s'intéresserait aux ensembles et intégrerait les parties dans un tout. Il rechercherait les structures et les relations. Ce mode de traitement est particulièrement efficace pour la plupart des tâches visuelles et spatiales et pour reconnaître des mélodies musicales.

En résumé, les techniques associées au fonctionnement de l'hémisphère droit ne sont pas nécessairement localisées dans cet hémisphère, mais elles représentent des types de traitement de l'information que nous pensons, avec raison, associés à l'hémisphère droit[13].

La métaphore et l'allégorie sont probablement les plus efficaces des techniques qui font intervenir l'hémisphère droit parce qu'elles font appel au processus même d'acquisition.

Dans un fonctionnement mental optimum, les deux hémisphères doivent agir en intercommunication et en collaboration, la connexion entre les deux étant assurée anatomiquement par le corps calleux.

Un exemple, cité par Williams, nous montre bien que nous ne pensons pas avec l'un ou l'autre des hémisphères, mais que les deux interviennent dans un processus cognitif: «Charles Duryea était un ingénieur qui s'était débattu avec le problème, apparemment insoluble, de savoir comment trouver un système efficace pour introduire le carburant dans le moteur d'une automobile. Un jour, en 1891, il observait sa femme assise devant sa coiffeuse tandis qu'elle se parfumait avec un atomiseur. Bien que Duryea ait déjà connu l'existence et la fonction de l'atomiseur, il n'avait pas encore fait la relation entre l'atomiseur et son problème. Il découvrit d'un seul coup comment il allait construire le carburateur à injection[14].»

Dans cet exemple, l'imagerie intérieure et la métaphore qui consiste à voir le lien entre deux choses dissemblables semblent être le mécanisme par lequel la conscience verbale (hémisphère gauche) s'est emparé de ce qu'a créé la pensée non verbale (hémisphère droit).

### Conscient et inconscient

Pour Erickson, il existe un conscient dont le siège se situerait dans le cerveau gauche et un inconscient vraisemblablement situé dans le cerveau droit. Et lorsqu'il s'adressait à un patient, il considérait qu'il parlait autant à son conscient qu'à son inconscient.

Selon Malarewicz, «l'inconscient n'est pas plus éricksonien que freudien, mais il est utilisé de façon différente dans la psychanalyse et dans la thérapie éricksonienne. Pour Erickson, l'inconscient est le lieu où le sujet peut trouver [...] les solutions à ses problèmes, solutions non utilisées à cause des limites dues aux apprentissages conscients du sujet[15].»

Erickson partait du principe que l'essentiel de la vie est régi par des processus inconscients. Ainsi, lorsqu'un ami vous tend la main, automatiquement votre inconscient vous dit de tendre la vôtre. Si vous êtes sur la route et qu'un petit oiseau arrive dans votre pare-brise à la hauteur de vos yeux, votre inconscient vous dictera automatiquement de fermer les yeux ou de pencher la tête pour l'éviter, même si votre conscient sait que le pare-brise va arrêter l'oiseau. La plupart des processus physiologiques de notre corps sont contrôlés par notre inconscient; consciemment nous n'avons pas à nous en occuper sauf s'il y a un problème; même la nuit, notre inconscient, qui s'exprime par les rêves, prend le contrôle de notre corps, car notre conscient est endormi. Selon Bandler et Grinder, 95 % de nos apprentissages et de nos habiletés se font à partir de notre inconscient.

Notre inconscient est donc en constante évolution. Ainsi, si je lis un texte qui m'inspire ou si je rencontre quelqu'un de vraiment important pour moi, mon inconscient en est modifié.

Par ailleurs, selon Erickson, les gens ont en eux toutes les ressources pour surmonter le problème auquel ils cherchent une solution[16]. Leur inconscient est le dépositaire de la totalité des apprentissages depuis l'enfance, la plupart des notions étant consciemment oubliées mais disponibles en tout temps.

Ainsi que l'affirme Monbourquette, nous ne saurions trop insister sur la foi du conteur dans les ressources inconscientes de son auditeur. Dans sa manière de parler et d'agir, le raconteur laisse entendre à son auditeur, sans nécessairement le lui dire directement, qu'il a tout en lui pour s'aider lui-même, grâce à ses ressources illimitées de connaissances et d'expériences, grâce à ses capacités d'intuition, qu'il suffit de stimuler pour les rendre disponibles[17].

Bettelheim affirme d'ailleurs qu'il «est réconfortant pour l'enfant de s'entendre dire, d'une manière symbolique, qu'il possède dans son propre corps le moyen d'obtenir ce qu'il désire[18].»

Dans cet esprit, Erickson racontait

*«l'histoire d'un cheval qui errait dans la cour familiale lorsqu'il était jeune. Le cheval n'avait aucune marque pouvant permettre de l'identifier. Erickson proposa de le rendre à ses propriétaires et, pour ce faire, monta simplement dessus, le mena à la route et le laissa décider de son chemin. Il n'intervenait que lorsque le cheval quittait la route pour brouter ou se promener dans un champ. Lorsque enfin le cheval arriva dans la cour d'un voisin, à quelques kilomètres de là, le voisin demanda à Erickson: "Comment avez-vous su que ce cheval venait d'ici et nous appartenait?" Erickson répondit: "Moi, je ne le savais pas, mais le cheval le savait, lui. Tout ce que j'ai fait, c'est de lui faire garder la route[19]"».*

Comme nous venons de le voir, l'allégorie est un processus par lequel la personne fait une découverte à partir de l'intérieur: elle accède à une nouvelle connaissance qui émerge de l'inconscient individuel vers le conscient. C'est comme si la connaissance nouvelle existait dans l'inconscient et que par le biais de l'histoire métaphorique elle prenait forme au niveau conscient.

Par les quelques notions développées ici et qui se fondent sur la pratique d'Erickson et des chercheurs précités, nous ne cherchons pas à construire une théorie de l'inconscient. Nous n'avons d'autre ambition que de permettre une meilleure compréhension du mécanisme de l'allégorie.

## Comment agit l'allégorie?

L'allégorie est un mécanisme destiné à établir des connexions.

Dans un premier temps, la métaphore thérapeutique permettrait, selon l'approche éricksonienne, de dépotentialiser le cerveau gauche, c'est-à-dire le conscient, surtout si le sujet est en transe (hypnose légère). Le conteur rejoindrait davantage le côté intuitif, la spontanéité, la créativité par le biais du cerveau droit pour atteindre l'inconscient. Dans un deuxième temps, le cerveau gauche serait de nouveau invité à synthétiser le travail accompli dans le premier temps[20].

L'explication neuropsychologique n'est cependant pas aussi simple. En résumé, l'allégorie commence par pénétrer le monde intérieur de l'auditeur qui, par référence constante à ce monde, essaie de trouver des similitudes cohérentes. Si l'histoire prend soudain une allure ou une direction imprévue, l'auditeur se trouve alors provoqué à rétablir la cohérence de son modèle du monde compromis dans l'histoire et, à ce moment précis, il modifie son monde de croyances et d'idées arrêtées. Les allégories nous permettent donc de rassembler le passé, de nous situer dans le présent et de projeter l'espoir sur notre avenir.

Le résultat, dit Rosen, est comparable à une «lueur» qu'on peut ressentir après avoir vu un bon film. Pendant le film, on entre dans un état de conscience altérée, on s'identifie avec un ou plusieurs des personnages et l'on repart «transe-formé». Toutefois, cette sensation est de courte durée: dix ou quinze minutes tout au plus. Par contre, certaines personnes reviennent des années plus tard à un conte d'Erickson. Leur comportement et leurs attitudes ont souvent été modifiés d'une façon définitive[21].

Pour voir comment peut agir une allégorie, je propose l'exemple d'une amie infirmière qui me demanda un jour si j'avais une allégorie sur la mort.

Elle me raconta qu'à son travail, une dame de 91 ans qu'elle traitait depuis trois ans ne parvenait pas à accepter l'idée de la mort. Plusieurs fois, au cours des trois mois précédents, elle était arrivée au seuil du décès et sans explication médicale, la dame reprenait vie. Face à la mort, elle était très anxieuse et combattait sans cesse. Elle se réveillait même en sursaut et racontait que pendant son sommeil, elle avait rencontré plusieurs personnes disparues. Son angoisse devenait tellement importante qu'elle ne voulait plus dormir la nuit de peur d'être surprise par la mort pendant son sommeil. Elle réclamait continuellement la présence de sa fille unique qui, de son côté, ne voulait pas laisser sa mère seule. Après plusieurs nuits blanches, les capacités physiques de la fille étaient épuisées et le personnel soignant était à bout de ressources.

Je lui proposai donc l'allégorie suivante de Walter Dudley Cavert:

«*Au fond d'un vieux marécage vivaient quelques larves qui ne pouvaient comprendre pourquoi nul du groupe ne revenait après avoir rampé le long des tiges de lys jusqu'à la surface de l'eau. Elles se promirent l'une à l'autre que la prochaine qui serait appelée à monter reviendrait dire aux autres ce qui lui était arrivé. Bientôt, l'une se sentit poussée de façon irrésistible à gagner la surface; elle se reposa au sommet d'une feuille de lys et subit une magnifique transformation qui fit d'elle une libellule avec de fort jolies ailes. Elle essaya en vain de tenir sa promesse. Volant d'un bout à l'autre du marais, elle voyait bien ses amies, en bas. Alors, elle comprit que même si elles avaient pu la voir, elles n'auraient pas reconnu comme une des leurs une créature si radieuse. Le fait que nous ne pouvons voir nos amis et communiquer avec eux après la transformation que nous appelons la mort n'est pas une preuve qu'ils ont cessé d'exister.*»

Mon amie prit la peine de lui lire tranquillement le texte

en question en lui tenant paisiblement la main. Dès la première lecture, elle sentit la vieille dame se détendre. Elle parla alors ouvertement de sa crainte de mourir. Lorsque la panique s'emparait d'elle, elle sonnait et demandait: «Je voudrais que tu me lises l'histoire sur la mort.» Plusieurs fois par la suite elle lut elle-même l'allégorie ou se la fit lire par sa fille; d'ailleurs elles parlaient maintenant librement l'une et l'autre de la mort qui devait éventuellement les séparer; la dame proposait même à sa fille d'aller se reposer. La quatrième nuit après la première lecture, la dame s'est éteinte sereinement dans son sommeil en l'absence de sa fille, qui de son côté avait beaucoup cheminé à travers cette épreuve.

### À qui s'adresse l'allégorie?

Les histoires métaphoriques s'adressent à tout le monde: jeunes, adultes ou personnes vieillissantes.

Qu'il s'agisse de cinéma, de théâtre, d'émissions de télévision, de romans, de légendes, de chansons ou de récits populaires, nous avons tous des histoires, comme le dit Vanasse, vers lesquelles nous nous tournons et retournons quelquefois avec plus ou moins d'avidité[22].

Nous avons tous besoin d'entendre des histoires et de nous référer à elles, non seulement pour nous divertir mais surtout pour écouter ce qu'elles ont à nous dire. Car le propre des histoires, c'est qu'elles parlent: elles parlent de nous, des autres, de nos relations avec autrui.

Rappelons-nous combien de fois nous avons par exemple écouté, à des périodes difficiles de notre vie, telle chanson ou tel chanteur ou lu et relu tel texte pour le message qu'ils nous transmettaient et le bien-être intérieur qu'ils engendraient en nous.

Chez les enfants, le phénomène est cependant moins complexe car ces derniers sont plus réceptifs. Un fait vécu où intervient une allégorie illustrera le phénomène.

Silvie avait presque deux ans lors de l'arrivée de sa petite sœur dans la famille. Jusque-là tout allait bien, mais après sept mois, Silvie recommença à faire pipi au lit, dans le salon et un peu partout. Après avoir tout tenté, on décida que papa interviendrait le lendemain en lui racontant l'histoire suivante:

*«Il était une fois, dit-il, une petite grenouille qui s'appelait Artémis. Elle vivait avec son papa et sa maman, heureuse et sans souci. Un jour son papa et sa maman partirent dans les bois et revinrent avec une autre petite grenouille. D'abord, Artémis fut contente, et puis elle commença à ne plus être aussi heureuse qu'avant. Elle se dit: "Vraiment, ma vie n'est plus pareille. Depuis que ma sœur est arrivée, on ne s'occupe plus de moi de la même façon. C'est d'elle d'abord qu'on se préoccupe. On la soigne, on lui sourit, on joue avec elle, on parle beaucoup plus d'elle que de moi!"*

*Un jour, son papa invite Artémis à partir en promenade avec lui. Ils marchent tous les deux et, dans la rue, ils rencontrent un homme que le papa connaissait bien. C'était un ami à lui, mais ils ne s'étaient pas vus depuis longtemps. Le monsieur dit au papa: "C'est à vous cette petite grenouille? Comment s'appelle-t-elle? Artémis? Comme elle est grande! Elle fait des tas de choses toute seule maintenant. Elle marche, elle chante, et je suis sûr qu'elle aide déjà sa maman. Elle n'a plus besoin qu'on s'occupe tout le temps d'elle, à présent." Le papa d'Artémis était fier d'entendre le monsieur dire cela à la petite grenouille. Il était content et Artémis aussi. Et ils revinrent à la maison encore plus heureux qu'avant[23].»*

À la suite de cette allégorie, l'attitude de Silvie changea. Elle redevint propre. Souvent elle demandait qu'on lui raconte de nouveau l'histoire d'Artémis. Un jour, on la surprit même en train de se la raconter devant un miroir.

L'histoire d'Artémis indique à Silvie une ébauche de solution en lui faisant comprendre qu'il y a une autre façon d'obtenir l'amour de ses parents. Il n'est plus nécessaire pour elle de «régresser»; c'est plutôt en «grandissant» qu'elle attirera l'attention dont elle a besoin.

### L'allégorie: un outil

Une magnifique allégorie développée par Highlen et Hill (1984) et rapportée par Lecomte nous montre bien qu'il n'y a pas qu'une seule réponse à toutes les questions relatives aux grandes tendances actuelles en psychothérapie et en relation d'aide.

«*Sur une île lointaine, des jeunes apprentis à la recherche d'une approche théorique et pratique pour expliquer l'existence humaine viennent consulter les sages...*

*Le premier sage propose une philosophie de vie à partir de la couleur bleue. Il souligne avec conviction que le bleu est la couleur la plus importante de l'arc-en-ciel...*

*Un deuxième sage, habillé entièrement de vêtements rouges, leur présente une philosophie totalement différente. Il leur vante les mérites du rouge qui serait la couleur la plus importante pour le bien-être de la personne...*

*Contrairement à ses deux collègues, le troisième s'évertue à vanter les mérites de la couleur jaune. Il leur parle longuement de paix, de confort et de tranquillité. Choisir le jaune, d'après ce sage, c'est vouloir la paix intérieure.*

*Par la suite, les jeunes élèves assistent à la présentation des philosophies fondées sur la combinaison de deux couleurs primaires... Là encore, chaque approche prétend être la plus efficace pour comprendre l'existence humaine.*

*Après ces discours, la plupart des jeunes novices*

*se disent confus et désorientés. Quelle couleur choisir et selon quels critères?*

*Au bout de quelques jours de réflexion, ils sont convoqués à une dernière rencontre où chacun est appelé à choisir son orientation. À leur grande surprise, ils sont accueillis par le grand guru de l'île qui recueille les résultats très disparates obtenus: combinaisons de couleurs: 58%; bleu: 20%; jaune: 13%; rouge: 9%.*

*Le grand guru leur propose ensuite une expérience. Il dispose les couleurs de l'arc-en-ciel sur une roue qu'il fait tourner. Au fur et à mesure qu'accélère le mouvement, apparaît, au grand étonnement des novices, le blanc. Fusent alors de partout des discussions sur la nature et la composition de ce nouveau phénomène [24].»*

Cette allégorie nous montre bien le profil «coloré» des différentes écoles de pensée en psychologie: humaniste, psychanalyste, béhavioriste, et des moyens thérapeutiques qu'elles utilisent: rêves, peinture, bricolage, marionnettes, dessin, films, vidéo, visualisations, jeux de rôles, psychodrames, bio-feedback, hypnose, P.N.L. (programmation neurolinguistique), allégories, etc. À nous d'utiliser de nouvelles lunettes pour évaluer l'efficacité de ces approches et choisir celles qui répondent le mieux aux besoins de chacun.

L'allégorie n'est pas en soi une thérapie mais plutôt un outil qu'il faut savoir utiliser à bon escient.

### Sortes d'allégories

Certaines histoires métaphoriques sont complètes en elles-mêmes alors que d'autres restent ouvertes ou se terminent par une question qui laisse à l'auditeur la responsabilité de résoudre le problème. Par exemple, celle de Lapinot (p. 177) veut favoriser une meilleure discipline en classe et à la maison. Elle se termine par une question qui incite les enfants à trouver des moyens pour changer leurs comportements.

Louise Dunn utilisait déjà cette technique, en 1950. Dix histoires présentées sous forme de fables incomplètes mettaient l'enfant devant un dilemme à résoudre; par une chaîne d'associations, le complexe dont souffrait l'enfant était ensuite révélé.

L'avantage de ce type d'allégorie, dite ouverte, est de forcer l'auditeur à dénicher dans son inconscient une réponse que son conscient ignore [25]. On peut aussi «ouvrir» une allégorie «fermée» par un commentaire ou une question finale. C'est à nous d'en juger. Quoi qu'il en soit, l'allégorie complète a aussi son efficacité.

Pour ma part, j'emploie quelquefois la technique de l'allégorie ouverte. J'utilise alors le plus fréquemment l'histoire du Clou (p. 69), qui favorise chez l'individu une meilleure organisation personnelle et le développement de méthodes de travail plus efficaces. Après avoir raconté l'allégorie, je demande à l'enfant: «À qui ou à quoi cette histoire te fait-elle penser?» «À moi», me répond-il la plupart du temps. Et j'enchaîne... Par la suite, je lui demande régulièrement quels actes il a posés, depuis notre dernière rencontre, pour cogner plus efficacement sur son clou. Je reçois différentes réponses: «J'ai travaillé seul dans ma chambre», «J'ai fermé la radio ou la télévision pour étudier», «J'ai eu une meilleure écoute en classe», «J'ai ignoré les taquineries des autres», etc.

On trouve aussi d'autres allégories, dites visuelles-participatives qui permettent de prendre part à une activité. Par exemple, l'histoire «Tourner autour du pot» (p. 178) est construite en vue d'améliorer le climat et la discipline dans un groupe. Elle favorise la solidarité et la responsabilisation de chacun à l'intérieur d'une équipe.

### Contourner les résistances

Selon la théorie de Milton H. Erickson, plus il y a de résistance, plus il faut procéder par suggestions indirectes, telles l'hypnose et l'allégorie. Mais il n'est pas du tout nécessaire de faire appel à l'hypnose pour créer un contexte métaphorique efficace.

Jay Haley nous donne l'exemple d'un couple en conflit à cause de leurs relations sexuelles et qui préfère ne pas aborder directement le sujet. Erickson choisira un élément de leur existence qui soit analogue aux relations sexuelles et tentera de le modifier afin de provoquer le même changement dans leur comportement sexuel. Il entretiendra les conjoints de la manière de prendre un repas ensemble et il insistera sur leurs préférences: «Elle apprécie les amuse-gueule avant le dîner, et lui préfère se jeter directement sur la viande et les pommes de terre; ou bien, elle préfère dîner tranquillement en prenant son temps, et lui, qui est rapide et va droit au but, veut seulement en finir avec le repas[26]».

Citons aussi le cas d'une dame frigide, apeurée par toute conversation sur la sexualité, qui se présenta un jour chez Erickson. Il lui fit raconter dans les moindres détails la manière dont elle s'y prenait pour dégivrer son réfrigérateur. En aucun moment il ne l'entretint de son problème d'ordre sexuel.

L'allégorie est facilement acceptée par l'individu parce qu'il ne se sent pas directement concerné par le sujet. L'histoire métaphorique suggère donc des solutions en évitant les résistances.

### Avantages de l'allégorie

Par le biais de l'imaginaire, l'enfant et l'adulte établissent des liens entre le monde symbolique et eux, puis ils intériorisent leurs significations. Selon Postic, «toute personne a besoin d'avoir, à côté du monde réel, celui des échanges sociaux, celui des investigations positivistes, une aire d'illusion, un espace interne qui fait la transition entre conscient et inconscient, entre le monde des idées et celui des affects[27]».

Plusieurs psychologues affirment d'ailleurs que les

enfants ont besoin de contes de fées, de métaphores et d'allégories pour faire contrepoids aux explications logiques fournies par les médias et le monde scolaire. Il est donc important de continuer à nourrir l'imaginaire de l'enfant en nous, de l'étonner, de l'émerveiller, de le surprendre.

Jeffrey Zeig résume comme suit les avantages des allégories:

- Elles ne sont pas menaçantes;
- Elles sont séduisantes;
- Elles favorisent l'indépendance: l'individu a besoin de saisir le sens du message et en vient lui-même à des conclusions ou à des actes;
- Elles peuvent être utilisées pour dépasser les résistances naturelles au changement;
- Elles peuvent servir à contrôler la relation;
- Elles modèlent la souplesse;
- Elles peuvent provoquer la confusion et induire la sensibilité;
- Elles facilitent la mémoire dans le sens que l'idée présentée est mieux mémorisée[28].

Une des qualités majeures de l'histoire métaphorique est donc sa flexibilité. Elle se prête à l'utilisation d'une foule de stratégies thérapeutiques et s'applique à la plupart des situations de la vie courante. Elle peut même servir d'élément déclencheur pour amorcer une discussion ou encore être utilisée comme moyen de prévention.

### L'allégorie: un instrument de manipulation?
Nous serions tentés de dire, en voyant comment agit l'allégorie, que le conteur peut assez facilement manipuler l'auditeur.

À cet effet, Rosen affirme que «maints contes d'Erickson semblent provoquer des interactions et même des manipulations entre les individus. Ceci a mené d'aucuns à la conclusion qu'il enseignait aux gens à manipuler les autres; ce qui n'a rien à voir avec le dessein des histoires, ou de leur effet, qui se manifeste surtout par des modifications intérieures[29]». L'inconscient a son propre système de protection et ne se laisse pas manipuler facilement. C'est pourquoi nous parlerons plutôt d'influence sur la croissance personnelle plutôt que de manipulation. Cette influence positive vise le rétablissement de la cohérence intérieure et du bien-être de l'individu.

La question est donc de savoir comment utiliser l'allégorie pour qu'elle soit constructive, thérapeutique, pertinente et efficace.

### Mise en garde

L'utilisation de l'allégorie comporte de nettes responsabilités pour le narrateur. La grandeur, la vérité et la noblesse d'une histoire métaphorique peuvent transformer la vie de quelqu'un. Par contre, l'étroitesse de vision d'une histoire peut bloquer des horizons et ralentir, voire arrêter la croissance d'un individu. C'est pourquoi la prudence est de mise. L'allégorie est un outil à la fois simple et complexe que l'on n'applique pas tel quel comme une recette.

Bettelheim illustre ainsi l'un des pièges qui guettent le narrateur: «L'adulte qui n'est pas en harmonie avec son enfant ou qui est trop préoccupé par ce qui se passe dans son propre inconscient peut choisir de raconter les contes de fées sur la base de ses propres besoins, sans tenir compte de ceux de l'enfant. Mais tout n'est pas perdu pour autant. L'enfant comprendra mieux ce qui émeut ses parents, et il est très intéressant pour lui, et très profitable, de connaître les motivations des êtres qui tiennent le plus de place dans sa vie[30].»

# Chapitre 2

# CONCEPTION D'UNE ALLÉGORIE

## Comment construire une allégorie?

Comme nous l'avons vu, l'allégorie, pour être efficace, doit rejoindre le modèle du monde de l'auditeur qui se reconnaît plus ou moins consciemment dans les personnages et les événements de l'histoire. Cette qualité s'appelle l'isomorphisme (du grec: *isos* «même» et *morphè*: «forme») ou l'analogie.

L'efficacité de l'histoire dépendra donc du parallèle créé avec la situation de l'auditeur; en d'autres mots, nous devons créer une réplique de la situation que vit ce dernier. En suscitant chez lui un maximum de créativité et d'intérêt, on l'amène à se retrouver, à se reconnaître et même à se surprendre en jouant un ou plusieurs rôles dans l'histoire qui se déroule devant lui. Naturellement, ce phénomène se produit d'une manière plus ou moins consciente[31].

Pour passer d'une situation problème à une résolution heureuse, il nous faut établir une stratégie incorporée dans le déroulement de l'histoire. Voici, schématiquement, comment se présente la tâche de l'auteur d'une allégorie.

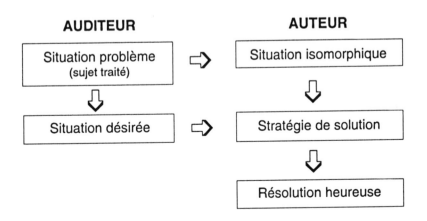

43

Il s'agit donc de créer une analogie, un parallèle entre, d'une part, les personnes réelles et les événements de la situation que vit l'auditeur et, d'autre part, les personnages et les péripéties de l'allégorie. Conséquemment, il est très important que les événements de la situation problème se retrouvent dans la séquence des péripéties de l'histoire métaphorique.

Comme illustration, prenons le cas d'un homme, marié pendant dix ans, qui a vu s'effriter sa relation de couple. Après le divorce, il a vécu sans succès différentes aventures amoureuses et il a senti le besoin de faire le point en consultant un thérapeute.

L'intervenant m'expliqua la situation et je lui proposai l'allégorie «Le wagon de première classe» dont le parallèle s'établit comme suit:

| AUDITEUR | | AUTEUR |
|---|---|---|
| L'homme marié | → | Conrad |
| Ses dix ans de vie commune | → | Voyage en train |
| Séparation-divorce | → | Accident de train |
| Difficultés rencontrées à la suite de cette perte | → | Contusions multiples |
| Aventures amoureuses | → | Voyages en train de marchandises ou en wagons de 2e ou 3e classe. |
| Consultation thérapeutique | → | Le génie de la lampe d'Aladin |

Il importe ici d'insister sur la détermination de la situation désirée. Comme le dit Jean Monbourquette, il n'est pas toujours nécessaire que l'objectif de l'allégorie soit clair, conscient et précis, car le sujet récepteur peut tenter d'en saboter l'impact; l'objectif doit seulement être réaliste. Certaines allégories n'ont pas comme but une action précise face à différents problèmes mais plutôt un changement d'attitudes comme l'acceptation d'une situation ambiguë, la motivation de s'en sortir, le désir de prendre une distance pour mieux juger, la revue de diverses options, l'aspiration à un plus grand confort intérieur, etc. L'histoire crée simplement un climat favorable et la motivation à résoudre une situation difficile, en suggérant de grandes orientations[32].

Dans le cas présent, la situation désirée consiste à faire prendre à notre homme un temps d'arrêt afin d'apprivoiser sa solitude et de définir ses objectifs de vie. Ensuite, il pourra repartir à la recherche de la compagne désirée.

Voici comment les événements s'organisent dans l'allégorie.

---

### Le wagon de première classe

| Situation problème | Situation isomorphique |
|---|---|
| Un individu vivait une relation amoureuse très satisfaisante avec celle qu'il avait épousée dix ans auparavant. | Conrad s'était embarqué à New York sur un wagon de première classe en direction de l'Ouest américain. Il s'y sentait à l'aise, bien accueilli et heureux. |
| Mais voilà qu'un jour, tout ne va plus comme avant. Les mésententes s'accumulent et le couple décide de se séparer et de divorcer. | Malheureusement, lorsque le train entra en gare à Detroit, il y eut un accident qui fit dérailler le train de notre ami. |
| L'individu rencontre un certain nombre de difficultés avant de se remettre de cette épreuve, mais il s'en sort quand même assez bien. | Conrad sortit du train avec de multiples contusions mais il s'en remit quand même assez vite. |
| Aussi, il ne tarde pas à avoir quelques aventures sans len- | Il décida de monter dans différents trains de marchandises |

45

demain et un certain nombre de relations dont l'issue est plus ou moins heureuse.

↓

Fatigué de cette situation dont il ne sait plus comment se sortir, il décide de demander conseil à un thérapeute.

→ ou de prendre des wagons de deuxième ou de troisième classe pour continuer sa route vers l'Ouest, mais il s'y sentait mal à l'aise.

↓

→ Il était exténué par tous ces déplacements. Une nuit, à Chicago, il s'endormit dans le sous-sol d'une gare désaffectée. Au lever, il aperçut à travers un amas de vieillerie une lampe poussiéreuse qui ressemblait à la lampe d'Aladin. Il commença alors à l'essuyer et à l'astiquer tout doucement lorsque soudain, un génie sortit d'un nuage de fumée, devant ses yeux ahuris. Le génie lui dit que pour le remercier de l'avoir délivré, il pouvait lui accorder un vœu, mais attention! un seul. Alors Conrad lui expliqua sa situation et lui demanda quoi faire.

## Situation désirée

## Stratégie de solution

Apprivoiser sa solitude, définir ses objectifs de vie.

→ Le génie félicita d'abord Conrad pour son courage à vouloir s'en sortir. Il lui conseilla ensuite de prendre une chambre près de la gare afin de se reposer et de déterminer exactement la destination où il voulait aller. (Il choisit Los Angeles).

↓

Connaître une personne susceptible de répondre à ses aspirations, à ses goûts, à ses intérêts.

→ Ensuite, comme il aimait voyager en première classe, le génie lui suggéra de venir régulièrement à la gare pour vérifier si le train de passage comprenait un wagon de première classe qui lui plût. «Ce n'est pas en restant dans ta chambre que tu peux prendre le train, lui dit le génie, de même que ce n'est pas en t'embarquant sur des trains de second ordre que tu peux être disponible pour monter sur un wagon de première classe.» Surtout, il lui dit de tenir bon et d'avoir confiance.

### Résolution heureuse

Conrad décida de mettre en pratique les conseils du génie.

↓

Dans les semaines qui suivirent, il se présenta régulièrement à la gare afin de repérer le train qu'il cherchait mais sans jamais le trouver.

↓

Plusieurs fois, il fut attiré par un wagon de deuxième classe mais il se souvenait alors de ce que le génie lui avait dit.

↓

Un matin, en montant sur le quai de la gare, notre ami remarqua immédiatement un superbe wagon de première classe, sur la voie réservée aux réparations.

↓

Il reçut du contrôleur la permission de le visiter et immédiatement il se rendit compte que ce wagon correspondait à ses attentes.

↓

Et comme ce train se dirigeait vers Los Angeles, il obtint l'accord du contrôleur pour s'y embarquer une heure plus tard.

↓

On raconte que le trajet vers Los Angeles se déroula confortablement et dans une atmosphère de détente, mais on ne sut jamais le temps que ça lui prit.

# Dénouement de l'histoire

Notre homme prit un temps d'arrêt afin de réfléchir sur sa situation et ses objectifs de vie.

Il recommença à faire des efforts pour trouver différentes activités qu'il aimait, par lesquelles il pourrait entrer en contact avec une personne susceptible de l'intéresser. Il assista à des cocktails, se rendit régulièrement au cinéma et au théâtre, et participa à plusieurs activités sportives mais sans succès. Mais il avait confiance...

Un matin, en prenant l'ascenseur, notre homme rencontra celle qui aujourd'hui partage sa vie.

---

## Quelques règles à suivre dans la construction de l'allégorie

L'objectif de l'histoire métaphorique doit être décrit en termes positifs et tout au cours de l'allégorie, il est nécessaire d'utiliser un langage positif.

On dit que l'inconscient n'enregistre pas le négatif; ainsi, pour comprendre le message: «Ne pense pas à la voiture jaune» ou: «Ne pense pas à l'éléphant rose», nous devons reconstituer la signification des mots employés et, par conséquent, nous pensons à la voiture jaune ou à l'éléphant rose[33].

Souvent, les gens savent mieux ce qu'ils ne désirent pas que ce qu'ils veulent en réalité. Un objectif établi en termes négatifs engendre donc très peu de créativité. Selon Monbourquette, c'est un peu comme regarder par le mauvais bout du télescope. Voir les allégories «Ne change pas», (p. 120) et «Ulysse part en voyage», (p. 136).

L'allégorie permet au narrateur d'établir une communication à de multiples niveaux dont l'un des principaux est le non-verbal, qui est souvent le miroir de l'inconscient. Conséquemment, l'objectif doit aussi être énoncé en termes sensoriels: visuels, auditifs, kinesthésiques (le toucher). Un objectif comme: «Je veux être heureux» est tout simplement voué à l'échec. Il faut spécifier la façon d'être heureux: il faut que l'auditeur puisse voir, entendre, sentir et même vivre l'objectif. L'histoire de Tango et Mélodie (p. 182) en est un bel exemple.

Le contenu de l'allégorie doit être le plus vague possible afin de stimuler la créativité, et les mots utilisés, sans référence précise (les gens, les villageois, etc.). De même, il faut privilégier l'usage de verbes d'action sans préciser comment l'action se fait afin de laisser l'auditeur imaginer le reste (arrive, entre, etc.).

Soulignons enfin l'importance de faire intervenir, dans la stratégie de solution, des personnages faisant partie de ce que l'on appelle l'inconscient collectif, tels le sage, le prince, la princesse, le roi de la forêt, le père Noël, le génie, Jésus, les héros mythologiques, les personnages célèbres... Un élément de cet ordre stimule davantage la fantaisie dans l'inconscient du sujet récepteur.

Pour élargir et approfondir vos connaissances sur la construction de l'allégorie, nous vous suggérons le livre de Jean Monbourquette: *Les Allégories thérapeutiques.*

# Chapitre 3

## NARRATION D'UNE ALLÉGORIE

### Établir une relation de confiance

Le pouvoir évocateur de l'allégorie reposera sur la qualité de la narration. Aussi est-il important d'établir au départ une relation de confiance où l'individu se sentira compris et en sécurité. Par exemple, un client qui désire acheter un objet de grande valeur ne le fera que s'il croit pouvoir faire confiance au vendeur. La sympathie est souvent considérée à tort comme le signe d'un contact établi. En fait, «créer le rapport, c'est rencontrer la personne dans son modèle du monde, sur son propre terrain. C'est lui montrer qu'on l'accepte telle qu'elle est et établir un climat d'ouverture et de confiance»[34].

### Comment raconter une allégorie?

Voici un extrait d'un conte hassadique:

*«Un jour, on demanda à un rabbin comment il fallait conter une histoire. "Une histoire, dit-il, doit être contée de sorte qu'elle porte sa vague magique en elle-même." Il continua en racontant le récit suivant: "Mon grand-père était boiteux; or, un jour, on l'invita à raconter une histoire sur son maître. Mon grand-père raconta comment son maître avait l'habitude de sautiller et de danser en priant; tellement pris par son histoire, mon grand-père se leva, se mit à sautiller et à danser comme faisait son maître. À partir de ce moment-là, il fut guéri de son infirmité. Voilà comment il faut raconter une histoire[35]".»*

Raconter une histoire à quelqu'un, c'est donc lui proposer d'entrer dans un rituel pour grandir et guérir. Si le conteur veut que ses paroles suscitent un effet magique, il doit vivre lui-même son histoire presque naïvement. Non seulement le choix des mots est-il important, mais aussi le ton de la voix et les mouvements de la tête et du corps. C'est comme un acteur jouant plusieurs rôles. «Nous nous imaginons le conteur comme un danseur à plusieurs masques qui appelle la grâce des dieux sur lui et ses auditeurs[36]. D'ailleurs, nous n'avons qu'à penser à l'habileté des conteurs publics, des comédiens, des chansonniers, des cinéastes à créer une ambiance particulière qui enveloppe nos sens[37].

Il n'y a pas de façon uniforme de présenter une allégorie. Chacun y va de sa créativité et de sa personnalité. Certaines présentations sont directes: «Je veux te raconter une histoire...»; «Il était une fois...»; «Un jour, bien loin d'ici...» Mais elles peuvent prendre aussi d'autres formes: «J'ai un ami qui...» ou: «Il m'est arrivé un jour...»

Plusieurs circonstances au cours d'une entrevue, d'un dialogue, d'un échange ou d'une classe peuvent devenir l'objet d'une histoire métaphorique; à nous de les saisir au vol.

Nous pouvons raconter une allégorie à un groupe plus ou moins restreint d'individus, même si notre message s'adresse à l'un ou à deux d'entre eux. Les autres peuvent d'ailleurs en bénéficier grandement. Si un professeur parle, par exemple, de son anxiété face aux examens lorsqu'il était étudiant, il est assuré de rejoindre la majorité du groupe.

L'animateur ou le conférencier qui parvient à créer un minimum d'harmonie avec son auditoire augmente la possibilité d'un rapprochement lorsqu'il raconte une histoire métaphorique. Son public se met en état de créativité, de fantaisie comme s'il régressait à un stade infantile pour se laisser fasciner. Le narrateur et l'inconscient du groupe agissent en étroite complicité et nous savons qu'un rapport avec l'inconscient l'emporte sur un rapport avec le conscient[38].

Un peu comme pour les contes de fées, il est préférable de raconter les allégories de façon souple pour qu'elles prennent toute leur signification symbolique. Si on les lit à voix haute, il faut accentuer l'émotion dégagée par l'histoire et essayer d'éprouver soi-même ce que l'histoire peut représenter pour le sujet récepteur. Dans ce cas comme dans l'autre, il faut bien se familiariser avec l'histoire métaphorique avant de la raconter. Il faut être conscient du niveau de langage utilisé et il est souvent très approprié d'y apporter sa touche personnelle.

Même si les thèmes et la dynamique de chaque allégorie peuvent être repris d'une séance à l'autre, il faut s'assurer de bien les adapter à son auditoire et se préparer à modifier l'histoire au besoin. Il existe un nombre incalculable de possibilités d'histoires métaphoriques. Les allégories que nous proposons sont conçues pour la plupart des groupes d'âge. Mais si vous trouvez dans certains cas la formulation trop difficile ou trop simpliste, il n'en tient qu'à vous de la reprendre.

Avec Monbourquette, nous dirons que pour bien observer l'impact de son allégorie, le bon conteur ne perd pas des yeux son auditoire. Par un ton calme, assuré, parfois monotone, parfois animé, entrecoupé de silences, il laisse les auditeurs imaginer et enrichir leur cinéma intérieur. Il reconnaît les moments forts aux changements de couleur de la peau ou de rythme de la respiration, ou d'autres signes à peine perceptibles. Il sait à l'occasion répéter un passage pour aider son auditoire à bien l'enregistrer. Finalement il n'hésite pas, à la demande de l'auditoire, à raconter plusieurs fois la même allégorie.

### Moment propice à la narration

Il semble qu'il y ait des moments privilégiés pour raconter une histoire métaphorique. Si on réussit par exemple à créer un moment de confusion chez l'auditeur, son conscient se sent impuissant et s'ouvre; l'individu est alors tout disposé à recevoir l'enseignement d'une histoire.

Erickson avait pour principe de capter l'attention en utilisant la surprise, le choc, le doute par le biais d'attitude bizarres, de jeux de mots, de blagues ou de phrases humoristiques. Il estimait que ces comportements étaient utiles pour briser les schémas mentaux rigides.

Rosen raconte que lors de sa première entrevue avec Erickson, ce dernier a ouvert un tiroir au beau milieu de la conversation et en a sorti un petit avertisseur de tricycle qu'il actionna à trois ou quatre reprises. «Sur le moment, dit Rosen, cela m'a semblé être, venant de lui, un comportement juvénile, sans aucun effet particulier sur moi. Mais, rétrospectivement, je suis persuadé que [...] cela m'a déstabilisé; il a introduit un élément propre à l'enfance qui m'a permis d'évoquer les souvenirs que j'essayais de me remémorer[39].»

Souvent Erickson «préparait le terrain» en racontant des histoires sans rapport direct avec le problème en question, ou bien il contait des histoires complètement loufoques qui avaient pour but de désorganiser ou de déstabiliser le conscient. Il répétait des phrases comme: «Il y a quelque chose que vous savez mais sans savoir que vous le savez. Quand vous saurez ce que vous ne savez pas savoir, alors vous changerez.» Ce type de formulation mystérieuse et fascinante pousse l'auditeur à chercher en lui les ressources nécessaires pour l'aider dans son processus de changement[40].

Bandler, de son côté, propose de glisser toutes sortes de messages bizarres dans un charabia personnel afin de «mêler» le conscient de l'autre.

Williams, quant à elle, suggère de poser différents types de questions auxquelles il n'y a pas de réponses justes. En voici une série:

– De quelle couleur est le sommeil? Pourquoi?

– Lequel est le plus lourd: un rocher ou un cœur plein de tristesse? Pourquoi?

– Lequel est le plus doux: un chuchotement ou la fourrure d'un petit chat? Pourquoi?

– Laquelle court le plus vite: la grenouille ou la saute-relle? Pourquoi?

– Lequel est le plus curieux: une racine ou un singe? Pourquoi?

– En quoi un castor rongeant un tronc d'arbre res-semble-t-il à une machine à écrire?

– Quel animal ressemble le plus à un élastique? Pourquoi?

– À quelle sorte d'animal ressemblez-vous le plus? Pourquoi?

– À quelle sorte de fleur ressemblez-vous le plus? Pourquoi?

L'aspect «devinette» de toutes ces questions, qui peuvent être proposées à tous les groupes d'âge, facilite la détente et relâche le contrôle logique. Ce type d'interrogation, appelé «exercice d'étirement», est une invitation à dégripper la pensée, à découvrir et à rendre disponible sa propre créativité[41].

Un tel scénario n'est cependant pas nécessaire, mais souvenons-nous qu'un esprit trop sûr et trop plein de lui-même peut résister au message allégorique alors qu'un esprit légèrement confus se montre plus accessible.

### Doit-on expliquer l'allégorie?

L'allégorie parle d'elle-même; il faut éviter de l'expliquer, ce serait lui enlever son pouvoir de révéler chez l'autre tout un monde de fantaisies. Comme le dit Monbourquette, c'est une tentation fréquente chez le conteur novice, en-core incertain de son art, de donner des explications pour faire «comprendre». Si nous faisons appel au conscient rationnel, nous réduisons l'action de l'inconscient en pro-voquant des résistances et des objections.

L'histoire suivante illustre bien cet état de fait:

*«Un jour, le disciple se plaignit au maître: "Je ne comprends pas toujours la signification de vos histoires, pourquoi ne les expliquez-vous pas?" Le*

*maître de répliquer: «Comment réagirais-tu si quel-*
*qu'un mastiquait un fruit avant de te le donner?[42]"»*

## Effet de l'allégorie

L'efficacité de l'histoire métaphorique n'obéit à aucune règle. Parfois l'effet se fait sentir très rapidement, d'autres fois, les changements s'étalent sur une plus longue période. Il semble cependant que plus une allégorie agit d'une manière inconsciente, plus elle est efficace et plus sa portée est longue.

Si la personne se reconnaît dans l'histoire, il ne faut pas céder à la panique car nous savons par expérience que l'histoire a quand même son effet.

Monbourquette affirme que même si nous pouvons observer sur-le-champ des changements physiologiques chez l'auditeur de l'allégorie, il faut attendre des jours, parfois des semaines pour constater des changements de comportements, comme si l'impact de l'allégorie avait permis une lente réorganisation du psychisme de l'audi-teur[43]. Et que dire de l'impact de l'allégorie sur le raconteur? Il subit autant l'effet curatif de l'histoire que l'auditeur. Un individu qui lit ou expose une allégorie a des chances de ressentir une diminution de sa propre anxiété ou de vivre une transformation intérieure parfois surprenante.

# Deuxième partie

# RECUEIL D'HISTOIRES MÉTAPHORIQUES

«Je ne peux rien te donner qui n'ait déjà son existence à l'intérieur de toi. Je ne peux te proposer d'autres images que les tiennes... Je t'aide à rendre visible ton propre univers.»

HERMANN HESSE

«Une métaphore ouvre des portes, des fenêtres, des chemins, des voies nouvelles.»

J.-A. MALAREWICZ

# THÈME 1

## CROISSANCE PERSONNELLE ET ACTUALISATION DE SOI

*«Vous me dites que vous n'avez pas confiance en vous, mais il faut beaucoup de confiance en soi pour affirmer publiquement que l'on en manque.»*

JEAN MONBOURQUETTE

# Vicky, la petite fourmi

| | |
|---|---|
| **Sujet traité:** | Manque de motivation au travail (à l'école ou ailleurs). |
| **Situation désirée:** | Se valoriser à travers les tâches quotidiennes. Prévenir le décrochage. Encourager les jeunes et les moins jeunes à poursuivre leur cheminement personnel. |

Il était une fois une fourmi qui ne voulait pas travailler. Vicky aimait mieux se tourner les pattes, jouer et courir. Tout au long de la journée, toutes les raisons étaient bonnes pour ne pas travailler. Cependant elle s'ennuyait beaucoup car elle était seule pour jouer; les autres préféraient travailler et jouer quand c'était le temps.

Un jour que Vicky était partie en forêt, une fée-araignée vint à la fourmilière. Elle expliqua au groupe qu'elle cherchait la meilleure fourmi du monde et que pour cela, elle lançait un concours. Chaque fourmi pourrait accumuler des points si elle travaillait quand c'était le temps, jouait au bon moment et avait aussi beaucoup d'amis. La fée elle-même surveillerait le déroulement du concours.

Et les petites fourmis se mirent au travail car chacune savait qu'elle pouvait gagner. Elles étaient infatigables; leurs fines pattes étaient toujours en mouvement, elles ne sentaient ni la fatigue ni les crampes.

Lorsque Vicky revint à la maison, elle trouva qu'il y avait beaucoup de remue-ménage. Personne ne lui parlait; on n'avait pas le temps. Toutes les fourmis chantaient, souriaient, transportaient des provisions. Elle se sentait un peu à part. Lorsque vint le soir, elle réussit enfin à savoir ce qui se passait et pourquoi tout

61

le monde était si grouillant.

Alors elle se dit qu'elle voudrait bien gagner le concours et que, surtout, elle était capable de le gagner.

Dès le lendemain, notre petite fourmi accompagna les autres au travail. Ses petites pattes étaient fatiguées parce que Vicky n'était pas habituée à faire de grosses journées. Mais elle ne se découragea pas car elle voulait gagner le concours et devenir la meilleure fourmi du monde.

Elle travailla et joua quand c'était le temps. Elle se fit beaucoup d'amis car elle était joyeuse et c'était très agréable de travailler avec elle.

Puis la grande finale arriva. Toutes les petites fourmis inscrites au concours étaient anxieuses. La fée-araignée nomma enfin la gagnante: «Pour avoir fait beaucoup d'efforts, pour avoir amélioré son rendement, je nomme "petite fourmi Vicky" grande gagnante.» Tous applaudirent.

Comme elle était contente et fière d'elle! L'araignée lui remit un certificat mais aussi un pouvoir magique...

L'araignée lui dit: «Tu seras toujours une travaillante et lorsque tu sentiras que tes petites pattes sont fatiguées ou que tu manques de courage, tu prendras trois grandes respirations et tu seras enveloppée d'un nuage bleu qui te donnera la force et le courage de continuer. Ce nuage, il n'y a que toi qui pourras le voir. Ainsi, tu resteras la meilleure fourmi du monde.»

# Le lionceau Benji

| | |
|---|---|
| **Sujet traité:** | Insouciance des jeunes face à leurs responsabilités scolaires. |
| **Situation désirée:** | Montrer l'importance de l'école. Responsabiliser les élèves face à leur rendement scolaire. Encourager les jeunes et les moins jeunes à poursuivre des études. Prévenir le décrochage. |

Un jour, il y avait au plus profond de la jungle un petit lionceau nommé Benji qui ne suivait pas les leçons, pourtant si importantes, de son père.

Pendant que les autres lionceaux apprenaient à chasser, à pêcher, à se défendre des autres animaux, à survivre en forêt et à se débrouiller s'ils se perdaient dans la jungle, Benji, lui, se faisait bronzer au soleil, barbotait sur le bord de l'eau, sautillait avec les grenouilles et s'amusait avec les tortues. Il trouvait qu'apprendre n'était pas important.

Un jour, Benji se fit attaquer par un tigre et il eut très peur car il ne savait pas quoi faire; il n'avait pas appris. Il cria si fort que ses frères et sœurs vinrent à sa rescousse et lui sauvèrent la vie.

Benji décida alors d'aller voir son père et de lui demander des cours particuliers; il lui promit de travailler deux fois plus fort pour rattraper le temps perdu.

Son père accepta... et Benji progressa très rapidement.

Quelques années plus tard, il succéda à son père. Roi de la jungle à son tour, il montra à ses enfants l'importance d'apprendre pour se débrouiller dans la vie.

# La chasse au trésor

**Sujet traité:** Désintéressement des jeunes face aux apprentissages scolaires.

**Situation désirée:** Susciter un plus grand intérêt des enfants pour la lecture.
Stimuler chez les jeunes et les moins jeunes le goût d'apprendre.

Par un beau jour d'automne, Jojo, petit écureuil vif et agile qui habitait le village de Tamara, reçut une invitation bien spéciale: celle de participer à une chasse au trésor qui devait se dérouler à la Fête des feuilles, chez ses cousins de la forêt des Lettres magiques.

Notre ami Jojo était tout heureux et il s'empressa de répondre positivement à l'invitation. Il espérait bien être le premier à trouver le trésor. Il savait que tous ses cousins écureuils seraient là et il avait bien hâte de les revoir et de compétitionner avec eux.

Le jour tant attendu arriva enfin et Jojo se retrouva sur la ligne de départ. Le chef écureuil donna les instructions, puis tous nos amis s'engagèrent dans les sentiers.

Malheureusement, à la première étape, Jojo se rendit vite compte qu'il n'était pas capable de lire le panneau-indicateur car jusqu'ici, il n'avait pas trouvé important d'apprendre la lecture. Il eut beau chercher à comprendre, il n'y arriva pas.

Il se dit: «Ce n'est pas grave, je vais trouver le trésor quand même.» Puis il prit la mauvaise direction et se retrouva devant un marécage qu'il ne put franchir. Il se désolait et pleurait quand soudain, il aperçut un petit lutin tout habillé de lettres multicolores.

Le lutin, qui savait tout, comprit le désarroi de

notre ami. Il lui dit: «Je possède le secret qui te con-
duira au trésor, mais tu devras passer par différentes
épreuves. En premier lieu, tu devras reconnaître les
lettres que je vais te lancer. Puis tu reviendras au point
de départ et en plaçant correctement une de mes lettres magiques sur chaque panneau, tu découvriras des
richesses qui t'amèneront au plus beau des trésors.»

Notre ami qui, heureusement, connaissait déjà son
alphabet et voulait gagner à tout prix, s'empressa de
suivre les consignes du lutin magique et réussit à
trouver le trésor.

Il était très fier de lui, mais son plus grand trésor
fut de réaliser l'importance d'apprendre à décoder les
mots et les phrases.

# Dragor et l'enfant

**Sujet traité:** Abandon devant un effort à fournir.

**Situation désirée:** Apprendre à relever des défis.
Stimuler la valorisation et la confiance en soi.
Aider quelqu'un qui se dit incapable.
Prendre conscience de ses capacités et
de son potentiel.

Victor était un garçon qui n'avait pas beaucoup confiance en lui et tous les soirs, il jouait avec son dragon en peluche. Comme d'habitude, la maman de Victor lui donna un baiser avant de le quitter pour la nuit. Ce soir-là, il joua plusieurs heures avec son dragon qu'il avait nommé Dragor; il jouait avec lui au magicien qui devait le rendre vivant.

Soudain, après avoir prononcé une formule magique d'enfant, le dragon devint vivant. Dragor se mit à parler; il expliqua à Victor, stupéfait, que s'il voulait qu'il reste vivant, il devait traverser une lourde épreuve. Immédiatement Victor dit qu'il ne serait jamais capable de surmonter quelque épreuve que ce soit. Finalement, après une discussion et voyant qu'il n'y avait pas d'autre moyen de sauver son dragon, Victor décida d'essayer.

Il partit avec un arc et des flèches magiques que le dragon lui avait confiés. Après une heure de marche, il n'avait rencontré aucune difficulté dans sa mission et il était de plus en plus sûr de lui. Ce que le garçon ignorait, c'est qu'une meute de loups affamés le surveillait depuis un bon moment. Fatigué, Victor décida de s'arrêter un peu pour reprendre son souffle. D'un seul bond, le chef de la bande l'atteignit très facilement; il le fit tomber sur le sol et le griffa violemment.

Victor cria tellement fort et se débattit si vigoureusement qu'il réussit à se libérer des griffes du loup. Un ours, voyant cela, accourut au secours du gamin pour mettre la horde en fuite. Le petit bonhomme remercia l'ours qui lui offrit de l'accompagner dans sa mission, mais Victor refusa en disant qu'il ne serait pas capable de continuer. «Je vais retourner chez moi», dit-il.

«Tiens, prends ces griffes que j'ai au cou, dit l'ours, elles te guideront là où tu le désires et te protégeront quand tu en ressentiras le besoin.»

Victor accepta finalement; il prit son courage à deux mains et il repartit pour son long voyage. Il ne fallait pas perdre un instant car une nuit ne dure pas toute une vie et la magie disparaîtrait avec le lever du soleil.

D'un pas de plus en plus décidé, il continua sa route. Anxieux, il écoutait les mystérieux bruits de la nuit quand tout à coup il sursauta à l'écho d'un bruit d'orage. Très nerveux, il essaya de se donner du courage en frottant les griffes entre ses doigts, ce qui le rassura.

Victor arriva alors sur le bord d'une rivière tumultueuse. Songeur, ne se préoccupant pas de ce qui se passait autour de lui, il s'engagea dans la rivière mais un requin fonça à toute allure sur le gamin. Juste à temps, il sortit son arc et une flèche magique, la pointa sur le requin et en un seul coup, il l'atteignit. Comme par magie, le requin se transforma en une immense tortue géante qui accosta gentiment sur le bord de la rivière pour que Victor puisse y embarquer. Stupéfait de la magie des flèches, ce dernier accepta avec plaisir. Pendant son voyage, il en profita pour discuter de la poudre de vie qui se trouvait dans le pays enchanté des dragons. La tortue lui indiqua la route à suivre et ayant remercié cette dernière, il continua son chemin car le temps passait très vite.

Arrivé au sommet d'une montagne bordant un précipice, il regarda autour de lui et constata qu'il était arrivé au pays des dragons. Il y avait là une multitude d'arbres rayonnant de santé sauf l'un d'entre eux. Intuitivement, il fut attiré par cet arbre si étrange. Épuisé, il aperçut, regardant vers le ciel, une magnifique feuille coiffée d'une neige étincelante. Il tendit la main et la cueillit. Il effleura la poudre blanche et instantanément, Dragor apparut dans un nuage de fumée.

Immédiatement, le dragon se jeta dans ses bras et il le remercia de tous les exploits qu'il avait accomplis pour le garder en vie. Il le félicita ensuite pour son courage et sa ténacité.

Victor avait prouvé à son ami que lorsqu'on veut vraiment quelque chose, on peut l'obtenir, même si ce n'est pas toujours facile.

À partir de ce moment-là, on n'entendit plus jamais dire de la bouche de Victor qu'il n'était pas capable de faire quelque chose. Il avait fait disparaître ces mots de son vocabulaire et il était très fier de lui.

# Le clou

| | |
|---|---|
| **Sujet traité:** | Disproportion entre l'effort fourni et les résultats obtenus. |
| **Situation désirée:** | Favoriser une meilleure méthode de travail. Améliorer l'organisation personnelle. Accroître les facteurs de réussite. Optimaliser les stratégies d'intervention. Actualiser son potentiel intellectuel. Utiliser au maximum ses ressources dans la résolution de problèmes. |

Un individu avait décidé de construire sa propre maison.

Mais voilà qu'après plusieurs mois, la construction avançait à pas de tortue car notre ami mettait une énergie énorme à enfoncer les clous qui devaient assembler les planches de sa demeure. Neuf fois sur dix, il cognait à côté de son clou et même sur son pouce.

Il était de plus en plus découragé et plus il plantait de clous, plus il passait à côté.

Le soir, il rentrait toujours fatigué de sa journée.

Il ne savait plus quoi faire.

Il avait entendu parler d'un grand ingénieur-maître-menuisier qui était très expérimenté.

Il décida d'aller le consulter.

Il lui expliqua ses problèmes et après un moment de réflexion, notre expert-menuisier lui donna les conseils suivants:

— Tu dois d'abord vérifier tes yeux pour être sûr de bien voir lorsque tu frappes.

— Tu dois ensuite vérifier ton bras pour t'assurer qu'il ne tremble pas.

— Tu dois vérifier tes outils, en commençant par ton marteau.

— Mais surtout, tu dois te trouver des façons personnelles de cogner sur ton clou. Mieux vaut frapper moins souvent mais plus efficacement.

— Tu dois te donner une méthode de travail; par exemple, commencer par des clous plus petits, ensuite des clous plus gros et ainsi de suite...

— En un mot, tu dois t'étudier, t'analyser et trouver une méthode qui te permettra de cogner davantage sur ton clou.

Notre individu partit donc avec ces recommandations. Il prit la peine de s'analyser et de se trouver des moyens de bien travailler, et peu à peu il y réussit totalement.

Quelques mois plus tard, sa maison était construite.

L'année suivante, la ville organisa un concours dans le quartier et c'est lui qui gagna le prix de la plus belle maison.

# Porte-Flambeau

| | |
|---|---|
| **Sujet traité:** | *Baisse de motivation au travail.* |
| **Situation désirée:** | *Encourager à la persévérance devant l'effort. Stimuler et maintenir la motivation au travail. Revaloriser la tâche de leader.* |

Il était une fois un gardien de feu. Sa tribu l'avait choisi pour ses grandes qualités: il était fiable, honnête, sociable et il connaissait d'instinct l'importance du feu pour son peuple; on lui faisait confiance.

Jour après jour, il entretenait le feu, choisissant son bois avec minutie, prévoyant les jours d'orage et sachant profiter des jours de soleil.

Il connaissait l'humeur de son feu. Il savait les moments où il devait le protéger des vents et connaissait les moments où il devait l'alimenter de délicates brindilles pour lui donner force et vigueur. Il savait le brasser un peu lorsque la situation l'exigeait et il savait aussi quand il pouvait exiger de lui chaleur et lumière en le nourrissant de grosses bûches de bois franc.

Un jour, un ouragan que personne n'avait prévu s'abattit sur la côte. Notre ami fut bien près d'abandonner son poste, mais il savait que les autres comptaient sur lui et il tint bon malgré les bourrasques et les vagues de fond.

Ce soir-là, en rentrant dans sa hutte, épuisé, il aperçut la lueur d'une chandelle qui vacillait à la tête de son lit. Sur une pierre, il y avait un message gravé: «Hommage à celui qui a su affronter vents et marées et qui a su continuer à porter le flambeau.»

Il ne sut jamais d'où venait ce message mais désormais, il savait qu'il n'était plus tout seul. Quelqu'un veillait sur lui. À partir de ce moment-là, il ne fut plus jamais tenté d'abandonner son poste et il continua de faire son travail avec amour, acharnement, courage et ténacité.

Dans la tribu, tout le monde l'appelait désormais Porte-Flambeau, ce qui dans leur langue signifiait «homme et femme de feu».

# Gustave et Christian taillent la pierre

| | |
|---|---|
| **Sujet traité:** | *Mauvaise perception du travail accompli.* |
| **Situation désirée:** | *Envisager son travail d'une façon positive. Stimuler la motivation professionnelle.* |

Lorsqu'il avait été engagé à la carrière, Gustave avait rencontré son patron qui lui avait dit: «Je te demande de tailler vingt blocs de pierre par jour, d'une dimension d'un pied sur un pied et de deux pieds de longueur. Chaque soir, un camion viendra les chercher.» «Pas de problème», avait dit Gustave; et il s'était mis à l'ouvrage...

Quelques jours plus tard, Christian avait été sélectionné pour travailler dans une carrière voisine. Son supérieur l'avait accueilli en lui disant: «Ton travail consiste à tailler des blocs de pierre d'un pied sur un pied et de deux pieds de longueur. Tous les soirs, un camion viendra les prendre pour les apporter sur le chantier de la cathédrale où tes blocs seront utilisés.»

Une année s'était écoulée et Gustave taillait toujours ses vingt blocs par jour tandis que Christian en taillait entre vingt et trente, selon l'état de la pierre.

Peu de temps après, ils se retrouvèrent côte à côte, sans se connaître, au comptoir d'un restaurant des alentours. Le serveur qui avait engagé la conversation avec eux s'informa du métier qu'ils exerçaient.

À cette question, Gustave répondit: «Je suis tailleur de pierre.» Puis Christian prit la parole: «Moi, dit-il, je bâtis une cathédrale.»

73

# Rapido et la sirène

**Sujet traité:** Trouble d'attention chez un enfant qui bouge sans cesse.

**Situation désirée:** Aider un enfant actif ou hyperactif à contrôler ses mouvements.
Apprendre à développer sa concentration.

Rapido était un petit poisson très vigoureux et il avait l'air d'être tout en or, car lorsque le soleil frappait sur lui alors qu'il était à fleur d'eau, son corps reflétait plein de rayons.

Rapido, qui était très intelligent, avait aussi un cœur d'or. Tout le monde l'aimait et il était gentil avec tous les gens autour de lui.

Cependant, Rapido avait beaucoup de difficulté à s'arrêter complètement. Lorsqu'il était avec ses amis et qu'il devait écouter attentivement les consignes du Grand Dauphin, qui lui enseignait tout ce qu'il devait savoir sur son monde, il n'arrivait pas à immobiliser sa queue ou ses ouïes. Il bougeait dans tous les sens: ou bien ses nageoires battaient de haut en bas, ou encore il décidait de nager à droite et à gauche, et ainsi de suite... Tous ces mouvements lui faisaient perdre sa concentration et plusieurs notions du Grand Dauphin échappaient à son attention.

Un jour qu'il était particulièrement énervé, il vit apparaître une grande sirène avec des cheveux tout en or qui lui fit signe d'approcher. Rapido était très impressionné car il avait beaucoup entendu parler des sirènes, mais c'était la première fois qu'il en rencontrait une pour vrai.

La sirène se montra très gentille avec lui. Elle lui fit

part qu'elle avait remarqué depuis un certain temps son besoin continuel de bouger.

Rapido lui expliqua qu'il avait tout essayé mais que c'était plus fort que lui; il n'arrivait pas à se maîtriser.

Alors la sirène lui demanda de bouger d'abord sa queue, puis de la stabiliser. Ce qu'il fit sans problème; ensuite elle lui demanda de faire la même chose avec ses ouïes, ses nageoires, etc.

Il prit soudain conscience que c'était son cerveau qui contrôlait tous ses organes.

Elle lui demanda également de prendre de grandes respirations et il s'aperçut que cela aussi le calmait.

Soudain, la sirène disparut comme elle était venue, laissant un souvenir extraordinaire à Rapido, qui, peu à peu, commença à se contrôler.

Quelque temps après, Grand Dauphin lui remit un diplôme parce qu'il avait remarqué que son attention s'était beaucoup améliorée, qu'il était moins nerveux et plus sûr de lui et que ses apprentissages étaient remarquables.

# Kooki, le petit chien

**Sujet traité:** Problématique d'un enfant qui bouge tout le temps pour attirer l'attention.

**Situation désirée:** Aider un enfant actif ou hyperactif à se contrôler. Apprendre à se faire des amis.

Kooki est un beau petit chien. Il a le poil roux et de belles oreilles pointues. Son maître l'aime beaucoup, mais Kooki est un peu tannant. Il jappe tout le temps et très fort. On dirait qu'il est toujours en train de japper. Kooki aime beaucoup s'amuser mais il veut toujours qu'on joue avec lui. Dans ces moments-là, il court chercher une pantoufle, revient, mord le bas des pantalons, cache des choses, ramène des objets qu'il prend n'importe où. Il dérange tout dans la maison. Les voisins se plaignent aussi du fait que Kooki brise leurs arbres et prend des jouets sur leur terrain.

Quand il va jouer dehors, Kooki se cherche des amis. Il y a beaucoup de chiens dans sa rue. Avant, ils venaient jouer avec Kooki mais plus maintenant. Ils sont tannés de lui. Kooki leur saute toujours sur le dos, il leur jappe dans les oreilles ou prend leurs os.

Kooki est de plus en plus malheureux. Il n'a plus d'amis chiens et son maître, même s'il l'aime bien, ne joue plus jamais avec lui.

Une nuit, Kooki entend du bruit dans la cuisine. Il se lève et va vite voir. Il ne réussit pas à japper tellement il est surpris de trouver son arrière-grand-père en train de se bercer dans sa chaise préférée. Le vieux chien lui dit: «Kooki, je sais que ta vie n'est pas bien facile ces jours-ci, c'est pour t'aider que je suis descendu du ciel cette nuit. Je veux te donner un cadeau. C'est un collier spécial. Quand on le porte autour du cou, il nous arrive des choses vraiment agréables.» Après avoir dit ces paroles, le vieux chien met le collier autour du cou de son petit chiot et disparaît aussitôt. Le petit chien retourne alors dans son panier pour finir sa nuit. Le lendemain matin, Kooki court vers la salle de bains pour se regarder dans le miroir. Surprise! Il n'y a pas de collier autour de son cou. Pourtant il est certain de le sentir, ça serre un peu et ça tire des poils. Tant pis! Il doit être transparent.

Kooki a faim. Il va dans la cuisine. Son maître est assis à la table. Il ne regarde pas son chien entrer. Kooki mange dans son plat puis vient s'asseoir près de son maître car il aimerait bien jouer. Il attend quelques minutes mais voit bien que son maître est occupé à lire son journal. Il décide d'aller dans le salon pour jouer avec un os en caoutchouc qu'on lui a acheté la semaine dernière.

Après une heure de jeu solitaire, Kooki revient à la cuisine et sans bruit, il se rassoit près de son maître et attend. Après quelques minutes, son maître lève les yeux et le regarde avec un beau sourire et des yeux chaleureux. Cela faisait longtemps qu'on ne l'avait pas regardé avec ces yeux-là. D'habitude on le regarde avec des yeux fâchés ou tannés. Le maître se lève doucement et s'approche en lui disant qu'il est le chien le plus beau et le plus fin de toute la terre. Kooki est tellement heureux!

Ce matin-là, Kooki et son maître jouent ensemble pendant une demi-heure. Ensuite Kooki va dehors retrouver d'autres chiens qui jouent. Au début, les chiens n'ont pas l'air contents de le voir mais Kooki joue tellement bien qu'ils acceptent qu'il reste avec eux. Après leur jeu, ils l'invitent même à leur local secret.

Kooki avait tellement changé depuis sa rencontre

de la nuit précédente! À partir de ce jour, il vécut heureux avec son entourage et il se fit de plus en plus d'amis chiens...

# Les Jeux olympiques

| | |
|---|---|
| **Sujet traité:** | Stress et anxiété à la veille d'une épreuve sportive ou d'un examen. |
| **Situation désirée:** | Utiliser des moyens pratiques pour lire, se préparer à différentes épreuves (compétitions, examens, etc.) Apprendre à relever des défis. Se familiariser avec la technique de la visualisation. Stimuler la motivation, la confiance en soi et l'actualisation de soi. |

Cinquante-trois jeunes Canadiens représentaient notre pays aux Jeux olympiques de Barcelone.

Pendant des mois, chacun s'était préparé minutieusement, selon sa discipline, à la compétition finale.

Nous en étions à la veille du début des Jeux et l'entraîneur réunit toute l'équipe pour le «caucus» de dernière minute.

— Comment vous sentez-vous, si près du grand jour? demanda-t-il aux athlètes.

— Je me sens très anxieuse, dit Annie, on dirait que j'ai tout oublié ce que j'ai appris.

— Moi, dit Josée, je me sens stupide et j'ai peur de rater mon coup.

— Juste avant la compétition, je transpire beaucoup des mains et des pieds, dit Carl.

— J'ai comme des papillons dans l'estomac, dit Yannick, et parfois j'ai mal au cœur tout juste avant le départ.

— Quant à moi, dit Régine, je sens mon cœur qui bat très vite; c'est comme s'il voulait sortir de ma poitrine.

— Je suis très nerveux, dit Jean-Philippe, et ça me brasse dans le ventre.

— Je vois tout noir dans ma tête, dit Hélène; puis c'est comme si elle se vidait complètement.

— Moi, elle me fait très mal, ma tête, dit Sébastien, et lorsque la compétition est commencée, je ne sens plus rien.

Finalement, lorsque les autres sportifs se furent exprimés en des termes à peu près semblables, le responsable du groupe prit la parole: «Vous savez tous, dit-il, que les premiers Jeux olympiques ont été disputés en Grèce. Les athlètes de ce temps-là avaient une idole qu'ils imitaient grandement. Il s'agit d'Hercule qui, pour entrer au royaume des dieux, avait dû accomplir douze travaux. Avant chacune de ces grandes étapes, il se retirait dans un endroit calme. Il imaginait une lumière bleue tout autour de lui. Dans sa tête, il se voyait rempli de confiance en lui-même, en train de réaliser et de réussir l'épreuve en question. Il faisait cela plusieurs fois par jour de même que le soir en se couchant et le matin en se levant. Lorsque le grand jour arrivait, il se sentait très calme et en pleine possession de ses moyens pour accomplir le défi ultime.»

Ce jour-là et les jours suivants, les athlètes canadiens décidèrent d'utiliser, eux aussi, la technique d'Hercule. Lorsqu'on proclama la fin des Jeux, une semaine plus tard, le Canada avait remporté sept médailles d'or, six médailles d'argent et huit médailles de bronze.

Tous avaient fait bonne figure et ils étaient très fiers de leur participation.

# La fontaine d'étoiles

**Sujet traité:** Manque de constance au travail.

**Situation désirée:** Aider quelqu'un à être plus régulier dans ses efforts et ses actions.
Favoriser une meilleure planification de son temps.

Un jardinier, très déçu de ses récoltes, avait entendu dire qu'il existait, quelque part, une équipe de grands spécialistes qui avait des pouvoirs miraculeux sur la croissance des plantes.

Depuis le début du printemps, notre jardinier travaillait très fort dans son potager afin de le rendre plus productif. Parfois, il l'arrosait beaucoup alors que d'autres fois, c'est à peine s'il en humectait la terre. De temps en temps, il mettait de l'engrais sur ses plants et parfois il répandaient de l'insecticide sur les jeunes pousses.

Par un bel après-midi d'été, notre ami s'endormit, épuisé, au milieu d'un champ de pommes de terre et fit un rêve.

Il apercevait au centre de son jardin une immense fontaine qui répandait des milliers d'étoiles sur ses récoltes. Tout à coup, un soleil resplendissant remplaça la fontaine. Tout autour du jardin, les carottes, les navets et les choux avaient un large sourire et un regard rayonnant. Et puis, au moment même où les légumes semblaient perdre leur sourire, la fontaine d'étoiles réapparaissait et puis disparaissait de nouveau pour laisser la place au soleil; et ainsi de suite, toujours à un rythme régulier.

À son réveil, notre ami se dit:

— Maintenant, je sais que j'ai raison. Il existe quelque part une équipe de spécialistes qui peut rendre mon sol fertile, mes récoltes prospères, mes légumes d'une couleur tellement claire et attirante que tout le monde viendra faire ses provisions chez moi...

Mais où trouver cette équipe? se demandait-il, songeur, en suivant le sentier du retour.

Tout à coup, un homme à grande barbe blanche lui coupa la route et s'adressa à lui:

— Je suis, dit-il, le sage qui se promène dans les couloirs de la végétation, celui à qui tu peux poser une question, mais attention! tu n'as droit qu'à une seule question.

Sans hésiter, notre jardinier s'empressa de lui demander:

— Où puis-je trouver cette équipe de spécialistes qui peut avoir des pouvoirs phénoménaux sur mes récoltes, qui peut rendre le feuillage de mes cultures d'un vert resplendissant, sans meurtrissure?

— Je vois que tu es très motivé et très positif, cher jardinier, répondit le sage, et je t'en félicite. N'as-tu pas eu ta réponse en songe cet après-midi?

— Oh! C'est donc toi que j'apercevais près de la fontaine, s'exclama le jardinier.

— Eh oui! reprit le sage, retourne au pays des rêves... pénètre dans la fontaine. Tu verras que le groupe de spécialistes est là en toi, prêt à apporter et à répandre ses milliers de petites étoiles. Sois persévérant, confiant et surtout régulier dans tes actes, tout comme le sont le soleil et la fontaine d'étoiles, et tes désirs seront réalisés. Ta joie se reflétera sur les autres comme sur les carottes, les navets et les choux de ton rêve. Et beaucoup plus encore...

Au détour suivant, le jardinier se retourna pour dire adieu au vieil homme, mais il avait disparu.

Il se demanda alors s'il n'avait pas encore rêvé, mais quoi qu'il en soit, il avait compris que c'est par la régularité des actions qu'on obtient de meilleurs résultats. Il décida alors d'appliquer cette théorie le reste de la saison.

Lors du festival de la moisson, à l'automne suivant, notre jardinier remporta le prix de la feuille d'or pour la qualité de ses récoltes.

# L'arbre tant désiré

| | |
|---|---|
| **Sujet traité:** | *Réaction négative des gens face à leurs différences ou aux différences des autres.* |
| **Situation désirée:** | *Aider quelqu'un à accepter sa(ses) différence(s): obésité, maladie, handicap, nationalité, etc. Faciliter l'acceptation de ces différences chez les autres.* |

Il y avait une fois, dans un village très éloigné du nom de Hibiscus, une tradition bien spéciale: la coutume voulait que lorsqu'on avait l'intention de faire pousser un arbre, il fallait le faire à partir de la graine. Un couple qui s'aimait beaucoup avait donc décidé de faire pousser un arbre en face de sa demeure.

Ils préparèrent minutieusement et amoureusement le terrain devant recevoir la graine et, le jour venu, ils se présentèrent chez le sage du village pour y recevoir leur précieux gage d'amour. Ils organisèrent même une cérémonie pour semer la graine de l'arbre qui devait un jour dominer leur maison.

Puis il arrosèrent périodiquement l'emplacement de la graine et ils le renchaussèrent régulièrement.

Mais voilà qu'au moment où l'arbre devait percer la terre, ils rencontrèrent une première difficulté: pris sous la motte, l'arbre ne parvenait pas à s'extirper de la terre. On fit donc venir un spécialiste en horticulture qui, avec beaucoup de précautions, enleva la motte de terre, déroula la plante enroulée sur elle-même et donna vie à l'arbre. Mais il avertit les propriétaires que, pour grandir, le repousson aurait besoin de beaucoup d'attention, de soins et d'amour.

Puis les jours passèrent et le petit érable poussait avec beaucoup de difficultés. Plusieurs spécialistes l'examinèrent, mais ils ne pouvaient pas faire grand-chose de plus que d'encourager notre couple d'amis. On lui posa des tuteurs de toutes sortes pour l'aider à pousser droit mais rien n'y fit, notre érable était définitivement rabougri.

Bientôt, on nota que chez le 4e voisin, il y avait aussi un arbre tout rabougri mais il paraissait heureux et en pleine santé malgré tout. Notre couple décida donc d'aller consulter ces voisins pour connaître leur «recette».

Les voisins déclarèrent qu'au début, ils se sont beaucoup occupé de leur arbre. Ils y ont mis beaucoup d'énergie, jusqu'à l'épuisement... Finalement, ils ont décidé de le laisser pousser tout seul, mais sans l'abandonner. Ils ont continué de l'encourager tout en lui laissant sa part d'autonomie.

Notre couple décida alors de mettre ces conseils en pratique et bientôt leur érable commença à s'épanouir.

Deux ans plus tard, on organisa un concours horticole à Hibiscus et c'est l'érable de nos amis qui remporta le prix de la plus belle feuille. Ses parents étaient très fiers de lui.

# Roxy, le renard argenté

| **Sujet traité:** | Refus d'accepter une mutilation à la suite d'un accident ou d'une maladie. |
|---|---|
| **Situation désirée:** | Aider quelqu'un à accepter sa différence. Donner la force et le courage d'affronter certaines situations difficiles de la vie. Faire prendre conscience à l'individu qu'il peut «grandir» à travers les épreuves. |

Lorsque les mâchoires d'acier s'étaient refermées sur sa patte dans un fracas épouvantable, Roxy avait perdu connaissance.

À son réveil, la panique s'était installée; il avait bien essayé de s'enfuir mais une sorte de chaîne l'empêchait d'aller plus loin.

Sa patte lui faisait très mal et tous ses amis de la forêt assistaient, impuissants, à ce spectacle désolant.

On vit bientôt arriver les chasseurs qui avaient posé le piège; il fallait faire vite!

Alors, dans un hurlement déchirant, Roxy, n'écoutant que son courage, se sectionna la patte avec ses dents et s'enfuit dans les bois pour panser sa blessure.

La guérison s'effectua assez rapidement et bientôt on revit Roxy parcourir à nouveau les sentiers de la forêt.

Mais son attitude avait changé: il n'était plus aussi joyeux qu'avant car il avait l'impression que les autres se moquaient de lui. Il était devenu agressif et comme il se chicanait souvent avec ses amis, ceux-ci le délaissaient. Il était malheureux dans son cœur et il ne savait plus quoi faire.

Souvent il se promenait seul dans les bois mais, avec l'expérience qu'il avait vécue, il était devenu très futé.

Un jour, il accepta de participer avec tous ses copains à la grande fête des animaux qui se tenait au cœur de la forêt.

Ils partirent très tôt le matin mais Roxy marchait lentement et prudemment en observant tout ce qui se passait autour de lui.

Tout à coup, Roxy s'arrêta et il avertit les autres qu'il y avait quelque chose d'anormal dans les environs mais tous se mirent à rire de lui et ils continuèrent leur route.

Soudain, tous ses compagnons furent engloutis dans une tranchée que des chasseurs avaient creusée. Ils étaient pris au piège.

À toute vitesse, notre ami partit alors chercher du secours et il revint avec quelques ours qui n'eurent aucune peine à pousser de gros troncs d'arbres dans la fosse afin d'aider les renards à s'en sortir.

Ce jour-là, Roxy regagna la confiance et l'admiration de tous ses amis et au cours de la fête qui suivit, il fut nommé le renard le plus rusé de la forêt et il reçut le titre de l'animal de l'année.

À partir de ce moment-là, tous l'acceptèrent tel qu'il était et lui-même en oublia sa patte disparue. Il était très fier de lui et on le retrouva tel qu'il était avant son accident.

# L'Africain

| | |
|---|---|
| **Sujet traité:** | *Non-acceptation de sa condition.* |
| **Situation désirée:** | *Prendre conscience que nous avons le pouvoir de nous changer et non de changer les autres. Favoriser l'acceptation de sa différence (obésité, anorexie, handicap, maladie, racisme, etc.)* |

Bokar était un Noir qui demeurait en Afrique. Son pays d'origine était le Mali (ou le Tchad, ou tout autre) et il parlait la langue «boulou boulou».

Bokar avait beaucoup entendu parler d'un village de Russie qui s'appelait Petrovski. C'était un village de 2528 habitants. Un jour, il décida d'aller s'installer à Petrovski. Il était heureux et avait hâte de connaître ses nouveaux amis.

Mais voilà qu'à Petrovski, tout le monde parlait le russe et tous se moquaient de lui parce qu'il n'était pas comme les autres.

Il avait de la peine dans son cœur et il s'emportait en disant des bêtises aux autres. Il alla même jusqu'à frapper ceux qui se moquaient de lui.

Alors les autres continuaient de plus belle.

De plus, notre ami voulait que les gens du village apprennent le boulou boulou; mais ces derniers ne voulaient pas et ils se moquaient encore plus de lui.

Il n'était pas heureux.

Bokar décida alors d'aller consulter le grand chef du village, qui était aussi le sorcier et qui parlait toutes les langues. Il lui exposa ses problèmes.

Après réflexion, le grand chef lui dit: «Tu ne peux pas changer la couleur de ta peau; il faut que tu t'organises pour accepter la situation et ignorer le comportement des autres qui te taquinent... Quant à vouloir que les 2528 habitants du village apprennent le boulou boulou, je crois que tu te trompes car c'est à toi d'apprendre le russe.»

Un an plus tard, notre ami était très heureux; il avait appris à parler le russe, il s'était fait plein d'amis et les autres l'acceptaient tel qu'il était.

# Finelle

| | |
|---|---|
| **Sujet traité:** | *Diminution de la résistance physique à la suite de certains événements de la vie.* |
| **Situation désirée:** | *Favoriser chez l'individu l'acceptation de sa(ses) différence(s) (maladie, handicap, vieillissement). Prendre conscience des limites que la vie nous impose. Potentialiser ses capacités.* |

Issue d'une famille nombreuse, Finelle est une chatte affectueuse, douce, attentive et intelligente.

Depuis un certain temps, elle est plus ou moins en forme.

Il est vrai que Finelle n'a pas toujours eu une vie facile: elle a souvent été blessée physiquement et psychologiquement et elle a subi de nombreuses opérations. C'est pourquoi elle est allée très souvent chez le vétérinaire et à l'hôpital pour chats.

Heureusement, elle avait le soutien de sa famille et de ses amis qui l'encourageaient, la supportaient et l'aimaient beaucoup.

Finelle a pris conscience qu'elle ne pouvait pas toujours chasser tous les oiseaux car elle se fatiguait très vite. Elle s'est aperçue également qu'elle devait parfois abandonner sa course avec d'autres chats. De plus, le soir, elle devait se coucher plus tôt que les autres car elle avait besoin de plus de sommeil pour récupérer.

Cette situation la rendait de plus en plus nerveuse et lui causait des maux de tête qui allaient en s'accentuant.

Un jour, elle rencontra Garfield, un chat renommé pour sa grande sagesse, et elle lui confia son problème.

Ce dernier lui fit comprendre qu'elle était maintenant différente des autres, mais qu'elle pouvait quand même réaliser un tas de choses qui la rendraient heureuse.

Il lui fit également réaliser qu'à travers toutes ses expériences elle avait appris à mieux se connaître et à développer son potentiel illimité.

Cette conversation fit réfléchir Finelle.

Peu à peu, elle comprit que ses limites étaient différentes de celles des autres chats.

Alors elle les accepta et put finalement s'épanouir de plus en plus...

# Japi Pico

| | |
|---|---|
| **Sujet traité:** | *Enfant qui souffre d'énurésie (incontinence urinaire).* |
| **Situation désirée:** | *Aider l'enfant à contrôler son sphincter vésical.* |

# Louca Câlin

| | |
|---|---|
| **Sujet traité:** | *Enfant qui souffre d'encoprésie (incontinence fécale).* |
| **Situation désirée:** | *Aider l'enfant à contrôler son sphincter anal.* |

**Note:**

*Pour Louca Câlin, on doit se servir des mots entre parenthèses. Le fait d'avoir inversé les problématiques dans les allégories est intentionnel. L'enfant se sent alors moins concerné par l'histoire et, ainsi, les chances de succès sont augmentées.*

Japi Pico (Louca Câlin) était un chaton très futé, mais il avait un petit problème qui le rendait très malheureux: malgré son âge il faisait encore caca (pipi) en dormant dans son panier. Ses parents avaient essayé toutes sortes de solutions pour le guérir, mais sans succès. Ils étaient même allés voir un médecin-vétérinaire très renommé qui leur avait conseillé de laisser Japi Pico (Louca Câlin) lui-même changer les draps de son panier, mais sans résultat.

Son grand-père qu'il adorait mais qui n'était pas au courant du problème qu'il vivait l'avait invité à passer la période de Noël avec lui et le reste de la famille. Il ne pouvait pas accepter l'invitation et il en était très peiné.

Une nuit, alors qu'il était dans un demi-sommeil, il vit apparaître dans un coin de la pièce le véritable père Noël avec quelques lutins. Japi Pico (Louca Câlin) était tout étonné et sceptique lorsque le bon père Noël se mit à lui parler: «Mes lutins m'ont mis au courant de ce que tu vis, dit-il, et je suis ici pour t'aider.

— Tu sais, père Noël, dit le chaton, je suis très triste et je n'arrive pas à régler mon problème; si tu peux m'aider, je t'en serai très reconnaissant.»

Alors le père Noël dit à Japi Pico (Louca Câlin): «Tu vois la clochette que j'ai dans les mains? (Et il sonna la clochette). Eh bien! l'un de mes lutins va la placer dans ton cerveau, près de tes oreilles. Aussitôt que tu auras envie, la petite clochette va sonner et tu n'auras qu'à te rendre à ta litière. La clochette fonctionnera le jour comme la nuit, mais les autres ne l'entendront pas.»

Puis le père Noël et ses lutins disparurent. Quelques heures plus tard, Japi Pico (Louca Câlin) fut tout étonné d'entendre une sonnette dans sa tête; aussitôt il se leva pour aller à sa litière, puis il se rendormit jusqu'au matin sans problème.

Quelque temps après, Japi Pico (Louca Câlin) était devenu propre et il put profiter de l'offre de son grand-père d'aller passer les fêtes chez lui.

Il était très fier de lui.

# Virginia,
# le fantôme amoureux

| | |
|---|---|
| **Sujet traité:** | Perturbation importante à la suite d'une décision ou d'un acte non réfléchi. |
| **Situation désirée:** | Susciter une réflexion positive sur la façon de vivre sa sexualité. Prévenir certains gestes irréfléchis parfois lourds de conséquences (grossesse non désirée, M.T.S., etc.) |

Jadis, l'île d'Aphrodite était considérée comme l'endroit le plus étrange et le plus mystérieux de toutes les mers du Sud. En effet, c'est là que les pirates de passage venaient enterrer leurs trésors en ayant soin de tuer, chaque fois, un membre de leur équipage ou un otage qui en devenait ainsi le gardien perpétuel.

Mais voilà qu'avec le temps, les corsaires disparurent peu à peu des Caraïbes. On oublia alors l'île d'Aphrodite. Un jour, des rumeurs commencèrent à circuler concernant la découverte de trésors extraordinaires dans ce coin de pays qui semblait se confondre avec le triangle des Bermudes. Il n'en fallait pas plus pour provoquer une ruée vers l'or...

Les fantômes, qui gardaient toujours ces trésors enfouis, furent très surpris de l'arrivée de ces nouveaux venus. Certains même, attendris par les belles paroles de ces aventuriers, leur laissèrent jouir impunément de toutes ces richesses. Des fortunes furent ainsi dilapidées et de nombreux fantômes regrettèrent amèrement leurs gestes inconséquents. Malgré tout, plusieurs passions naquirent à la suite de cette débandade imprévue.

D'autres fantômes, plus prudents, permirent à quelques chercheurs de prendre possession de leur trésor inviolé, à la seule condition d'en faire bon usage et avec la promesse de respecter et de faire fructifier leur avoir.

Virginia, quant à elle, ne s'y laissa pas prendre; elle

connaissait la valeur de son trésor et elle ne voulait pas le laisser entre les mains du premier venu. Plusieurs intrépides tentèrent de la mystifier, mais Virginia veillait au grain et elle était même prête à y laisser sa «peau» de fantôme.

Avec le temps, le trésor de notre amie devint de plus en plus convoité. On partait de très loin pour tenter de la séduire, mais personne n'y parvenait, malgré tous les charmes utilisés.

Or, un beau jour, un dénommé Élixir, venu de nulle part, apparut sur un cheval tout blanc. Ce jeune homme aux belles manières et à l'esprit vif plut immédiatement à Virginia qui commença à discuter avec lui. On découvrit que dans son pays le nouveau soupirant était reconnu pour sa délicatesse, sa générosité et son savoir-vivre.

Un climat de confiance s'installa graduellement entre les deux amis, mais Virginia hésitait toujours à lui confier son trésor qu'elle avait gardé si longtemps.

Une nuit de pleine lune, un certain Cupidon vint à passer par là. Il aperçut Virginia, le cœur en détresse, adossée à son chêne et ne trouvant pas de solution à son problème. Cupidon, comprenant rapidement la situation, lui dit alors: «Lorsque tu verras apparaître les mots: **affection, tendresse, harmonie, bonheur, confiance, amour** dans le ciel de ton cœur, tu pourras alors penser à partager ton trésor avec ton nouvel ami.»

Puis, Cupidon, avant de disparaître, décocha une flèche d'argent qui vint se planter juste au-dessus de la tête de Virginia. Le message suivant, écrit en lettres d'or, était attaché à la flèche... *Ton trésor sera à l'abri des intempéries et en sécurité si tu prends soin de suivre les conseils éclairés et judicieux d'une personne d'expérience ayant toute ta confiance. Dans cette démarche, prends bien soin de toi! Tout en conservant la beauté de ce joyau si précieux, tu pourras t'épanouir d'une façon détendue et en sécurité et peut-être même caresser des projets d'avenir.*

À chacun de conclure ce qui arriva par la suite...

# La potion magique

| | |
|---|---|
| **Sujet traité:** | *Réaction de peur ou de crainte face à une injection (piqûre)* |
| **Situation désirée:** | *Préparer les jeunes et les moins jeunes à affronter un acte médical: injection, vaccin, prise de sang, etc.* |

L'histoire se déroule sur la planète Zéphyr. Les Zéphyriennes et les Zéphyriens sont menacés d'être envahis par les habitants de la planète Micros.

Comme les Zéphyriennes et les Zéphyriens tiennent à conserver intact leur territoire, ils vont demander conseil au grand sage pour savoir quoi faire.

Celui-ci, après mûre réflexion, leur propose une potion magique qui a la propriété de rendre les Zéphyriennes et les Zéphyriens plus résistants et plus forts. Selon le grand sage, dès que la potion magique leur aura été injectée, chacune et chacun seront capables de combattre les Microsiens.

Les Zéphyriennes et les Zéphyriens démontrèrent beaucoup de courage et se firent injecter la potion magique. Ainsi, ils continuèrent à vivre en sécurité sur leur territoire, car dorénavant ils se sentaient protégés.

# Attention:
# chien dangereux

| | |
|---|---|
| **Sujet traité:** | *Réaction exagérée de peur face à un comportement autoritaire.* |
| **Situation désirée:** | *Aider l'individu à contrôler ses émotions malgré un climat tendu.*<br>*Apprendre à l'individu à discerner si les reproches lui sont adressés ou non.* |

C'était un gros chien qui gardait la propriété de ses maîtres; sur une affiche on pouvait lire: «Attention: chien dangereux.»

Cette propriété était située tout près de l'endroit où Pénélope, une belle petite chatte grise, devait passer tous les jours pour se rendre à l'école des chats.

Lorsqu'elle approchait de ce secteur, elle avait très peur et était très nerveuse car le gros chien jappait tout le temps après les minous qui s'engageaient sur son terrain...

Pénélope, quant à elle, ne s'aventurait jamais sur le territoire du gros chien mais elle pensait quand même que ces jappements lui étaient destinés. Parfois, elle ne voulait même plus aller à l'école et elle pleurait.

Une nuit, en rêve, elle rencontra la fée des étoiles; elle lui raconta son histoire. La fée la regarda avec un sourire et lui dit: «Le rôle du gros chien, c'est de défendre le territoire de son maître. Il jappe si fort uniquement pour écarter ceux qui empiètent sur son terrain.»

En se réveillant, Pénélope avait compris que les hurlements du chien n'étaient pas pour elle et elle n'eut plus peur de passer près de l'endroit qu'elle craignait tant auparavant. Peu à peu elle devint copine avec le gros chien et elle lui envoyait la patte en signe d'amitié. Elle était maintenant fière d'elle et heureuse d'aller à l'école.

# Chatouille et
# le grand escalier

| | |
|---|---|
| **Sujet traité:** | *Déception à la suite d'un échec.* |
| **Situation désirée:** | *Faciliter l'acceptation d'une reprise d'année scolaire.* |
| | *Apprivoiser l'échec d'une façon positive.* |
| | *Inciter au courage et au goût de recommencer.* |
| | *Découvrir la satisfaction de relever des défis.* |
| | *Apprendre à transformer une perte en gain.* |

Depuis qu'il est un tout petit chaton, Chatouille veut monter tout en haut de l'édifice qui domine le quartier qu'il a toujours connu.

Tous les chats devenus adultes avaient gravi les escaliers de cet édifice intrigant et mystérieux.

Un jour, sa maman lui dit qu'il était temps pour lui et ceux de son âge de gravir le premier escalier de l'édifice qui excitait depuis toujours sa curiosité.

Chatouille hésite... il a peur un peu, mais il a le goût de savoir quelle surprise il trouvera en haut. Il décide donc de monter. La première marche est difficile, elle est haute et Chatouille n'a pas encore trouvé de trucs pour faciliter sa montée. Il a de la misère, il travaille beaucoup et il réussit à atteindre la deuxième marche. Il pense à redescendre à certains moments parce qu'il trouve cela difficile mais il décide de continuer. Il avance avec force et patience, mais même s'il a de la misère et que ça prend du temps, il continue toujours.

Après beaucoup d'efforts, notre ami Chatouille se retrouve au milieu de l'escalier; il regarde en bas et voit tout le trajet qu'il a fait jusqu'ici. Il se trouve haut mais il a tellement hâte de repartir qu'il se retourne rapidement pour continuer de monter. En se tournant, le pauvre Chatouille glisse et tombe sur le côté. Il dégringole l'escalier en roulant comme une boule de neige.

Pauvre Chatouille! La tête lui tourne quand il arrive sur le trottoir; il est triste et a mal partout. Il avait travaillé tellement fort pour monter aussi haut dans l'escalier! Hélas! il va être obligé de recommencer.

Au début, Chatouille se tourne vers sa maison; il a le goût d'y retourner et d'oublier l'escalier car il a perdu tous ses amis et il en a de la peine. Mais, entre-temps, plusieurs autres chatons un peu plus jeunes que lui sont venus le rejoindre pour monter l'escalier avec lui.

Il se dit alors que s'il a réussi à monter aussi haut la première fois, il réussirait encore et avec plus de facilité parce que maintenant, il connaît des trucs et il est habitué. Chatouille se remet donc à grimper l'escalier. Il monte quelques marches, il a un peu peur de tomber encore, mais il continue et devient de plus en plus sûr de lui. Il arrive à la marche où il était tombé et ne s'arrête même pas. Il monte, monte; il veut arriver en haut le plus vite possible. Chaque marche qu'il gravit devient de plus en plus facile. Chatouille fait un petit saut et hop! il arrive sur l'autre marche. Son cœur bat plus vite, il espère qu'il ne sera pas déçu.

Chatouille arrive enfin en haut du premier escalier. Quelle surprise! sa maman l'attend avec un panier plein de jouets et de ses friandises préférées. Il se retourne et regarde très très loin devant lui. Il voit la mer, les montagnes, les champs, et plus près de lui, il voit sa rue et son père qui lui fait un bonjour de la main. Chatouille est heureux et très fier de lui. Il retrouve beaucoup d'autres amis chats qui ont monté l'escalier aussi. Ils s'amusent tous ensemble et mangent de bonnes choses en parlant des difficultés qu'ils ont eues, eux aussi, quand ils ont monté l'escalier.

Puis notre ami décide de se reposer un certain temps avant d'entreprendre l'escalade du second escalier devant le conduire au sommet de l'édifice...

# La princesse des marais

**Sujet traité:** *Réactions négatives des individus face à un déménagement, à un changement de milieu ou à une perte importante.*

**Situation désirée:** *Vaincre l'isolement. Favoriser l'estime et l'affirmation de soi. Encourager la prise en charge personnelle. Apprendre à se faire des amis.*

Il y avait, dans un village très éloigné, près d'une rivière, une princesse-grenouille qui vivait très heureuse parmi les siens.

Un jour, il y eut un orage intense et une partie du village fut inondée par les flots. Une énorme vague emporta la princesse qui s'agrippa à un arbre flottant sur la rivière.

Notre princesse alla s'échouer plusieurs kilomètres plus loin et elle fut accueillie dans un nouveau village.

Elle se sentait triste et désemparée car elle avait perdu tous les siens.

Elle avait de la misère à se faire de nouveaux amis: elle faisait des pirouettes de toutes sortes, elle pleurait, elle bousculait les autres et parfois même elle s'emportait violemment; mais personne ne reconnaissait en elle la grande princesse.

Elle eut l'idée de consulter le grand sorcier du village et lui expliqua les frustrations qu'elle vivait.

Ce dernier lui dit: «Je le crois que tu étais princesse dans ton village. Je crois que tu es très intelligente; c'est à toi de prouver aux autres qui tu es vraiment. Ce n'est pas en bousculant les autres qu'on se fait des amis, c'est plutôt en leur rendant de petits services, en leur disant des mots gentils et en étant attentif à ce qu'ils vivent...»

À la suite de cette conversation, elle modifia son comportement et l'attitude des autres à son égard changea peu à peu. Elle se fit plus d'amis et l'année suivante, le village la consacra «princesse des marais».

# Quatre petits oursons

| | |
|---|---|
| **Sujet traité:** | *Adaptation difficile à la perte d'une personne importante.* |
| **Situation désirée:** | *Aider les enfants à faire la coupure avec leur(s) professeur(s) ou une personne importante pour eux. Faciliter l'acceptation d'un départ ou d'une absence. Éveiller la capacité d'adaptation des individus. Favoriser l'autonomie et la prise en charge lors d'un changement.* |

Voici l'histoire d'une famille d'ours. Il y avait les parents ours et les quatre oursons: Boubou, Bonbon, Bedon et Boule. Les oursons vivaient heureux avec leurs parents qui leur fabriquaient toutes sortes de très beaux jouets.

Un jour, le chef du village voisin vint voir les parents des oursons. Il leur dit: «J'ai beaucoup entendu parler de vos talents de fabricateurs de jouets. Dans mon village, les petits n'ont personne pour leur faire des jouets. Pourriez-vous venir nous montrer comment vous faites? Par la suite, les petits pourront s'amuser et avoir du plaisir grâce à vous.»

Les parents ne savaient trop quoi répondre. Ils avaient le goût de rester tranquilles dans leur maison mais ils pensaient aussi à tous les pauvres petits qui n'avaient pas de jouets pour s'amuser. Ils acceptèrent donc d'aller montrer à ces gens comment fabriquer des jouets.

Ils trouvèrent une bonne gardienne pour leurs petits et leur dirent au revoir en les embrassant.

Au début, les oursons étaient tristes du départ de leurs parents.

— Je vais m'ennuyer, dit Boubou en pleurnichant.

— Je vais avoir peur, la nuit, dit Bonbon.

— Ne faisons pas les bébés, dit Bedon. Nos parents ne sont pas partis pour toujours. Ils ont dit qu'ils reviendraient dans quelques semaines.

— De plus, on n'est pas tout seuls, ajoute Boule. Bélinda, notre gardienne, sait tout ce qu'il faut faire.

Boubou essuya ses larmes et après avoir réfléchi, il se tourna vers Bedon et lui dit:

— On est chanceux d'avoir de beaux jouets, hein?

— Oui, certain! répondit Bedon. Si nos parents sont capables de montrer aux autres comment en faire, il faut qu'ils le fassent pour que d'autres oursons puissent en profiter.

Durant les premiers jours, les oursons étaient un peu confus parce que Bélinda leur demandait des choses différentes de leurs parents. Il fallait qu'ils mettent leur pyjama avant de se brosser les dents tandis qu'avec leurs parents, ils se brossaient les dents avant de mettre leur pyjama. Ils s'habituèrent aux petits changements. Ce n'était pas si grave. Ils apprenaient à se connaître graduellement.

Bélinda était très heureuse. Les oursons aussi. Ils étaient gentils et toutes les fois qu'il y avait un travail à faire dans la maison, ils se mettaient tous à la tâche avec entrain et bonne humeur.

Bélinda ne savait pas comment fabriquer de beaux jouets, mais elle connaissait beaucoup de jeux amusants. Les oursons apprenaient des tours, faisaient des pirouettes et grimpaient aux arbres. La gardienne leur faisait faire toutes sortes de choses différentes de leurs parents. Bélinda et les oursons étaient devenus de bons amis et ne voyaient pas le temps passer.

Quand les parents des oursons revinrent de voyage, ils étaient heureux de voir comment les oursons avaient grandi. Ils étaient devenus tellement beaux! Ils étaient maintenant capables de faire toutes sortes de choses qu'ils ne connaissaient pas auparavant. Ils avaient l'air très fiers d'eux.

Alors les parents des oursons les enlacèrent, ils leur donnèrent de nombreux becs en leur disant: «Vous êtes les plus merveilleux oursons de la terre.»

# Gaspard, Camélia et le Baron Rouge

| | |
|---|---|
| **Sujet traité:** | *Adaptation difficile à un changement important.* |
| **Situation désirée:** | *Faciliter l'adaptation aux changements.* <br> *Favoriser la prise en charge personnelle.* <br> *Développer des aptitudes à se faire des amis.* |

Il était une fois, dans un pays bien loin d'ici, un petit canard, très astucieux et très éveillé pour son âge, qui se nommait Gaspard.

Un jour vint pour lui le temps de s'inscrire à l'école d'aéronautique. Il était surexcité à l'idée d'apprendre à voler. Ses parents l'accompagnèrent jusqu'à son groupe, celui des débutants, où Gaspard fit la connaissance de ses camarades et de son instructeur.

Les jours passèrent et se transformèrent en semaines. Mais voilà que notre ami, si enthousiaste au début, commençait à trouver le temps long, car il avait toujours fini son travail bien avant les autres petits canards et il s'ennuyait ou dérangeait ces derniers.

On décida alors de le placer immédiatement dans le groupe des intermédiaires. Gaspard vivait tout cela dans un tourbillon d'émotions. Il était très content d'apprendre des choses difficiles comme les grands mais il avait de la peine d'avoir quitté ses copains. Une seule chose l'inquiétait vraiment, c'est qu'il ne parvenait pas à se faire de nouveaux amis.

Une nuit, il fit un rêve bien spécial au cours duquel il était aux commandes d'un Spitfire en compagnie du célèbre Baron Rouge, l'as-pilote de la Deuxième Guerre mondiale. Gaspard se confia alors au héros et lui demanda, hésitant: «Peux-tu m'aider à trouver des moyens de me faire des amis?» Le Baron Rouge fut pris d'un grand éclat de rire qui résonna comme un coup de tonnerre dans le cockpit de l'avion: «C'est juste ce dont tu as besoin, dit-il. Eh bien! suis mes instructions: tu vas trouver quelqu'un dans ton groupe qui est entouré d'amis et tu vas observer comment cette personne se comporte avec les autres. Dans quelque temps, je te recontacterai par le biais d'un autre rêve pour savoir comment cela s'est passé.»

Au lever, Gaspard était plutôt sceptique, mais il se mit quand même à observer ses camarades de plus près. Son attention fut tout de suite attirée par Camélia, que tout le monde aimait. Elle avait toujours une parole gentille pour chacun. À tout instant, elle était prête à aider celui qui avait un pépin ou de la difficulté dans ses apprentissages. Elle acceptait de prêter ses choses, à la condition qu'on en prenne bien soin. Elle se réjouissait avec ses compagnons lorsqu'ils étaient heureux et essayait de les réconforter lorsqu'ils étaient tristes. Mais, surtout, pensa Gaspard, quand on parlait à Camélia, elle nous regardait droit dans les yeux et nous écoutait avec attention; on se sentait toujours important et intéressant.

Un matin, quelques semaines plus tard, notre ami se sentit tout drôle en se souvenant de son rêve de la nuit, au cours duquel il avait à nouveau rencontré le Baron Rouge. Il y avait comme un arc-en-ciel qui rayonnait en lui. Il venait de comprendre le truc de Camélia. Il était transporté de joie.

À partir de ce moment, Gaspard redevint un étudiant attentif et sérieux. Il se mit à expérimenter le secret que lui avait transmis Camélia sans le savoir. Il commença à s'intéresser vraiment à ses copains. Il en choisit quelques-uns dont il aurait aimé se faire ami et entreprit de s'approcher d'eux doucement. Avec certains, le stratagème de Camélia fonctionnait; avec d'autres, non. Certains jours, ça allait, d'autres jours, pas du tout. Mais il tint bon...

Les mois passèrent et se transformèrent en années. Gaspard termina brillamment ses études à l'école d'aéronautique. Mais ce dont il était le plus fier, ce qui lui faisait le plus plaisir, c'était d'avoir été élu par ses confrères «l'élève le plus populaire» de l'école d'aéro-nautique, ex-aequo avec son amie Camélia.

# Le couguar et l'oiseau

**Sujet traité:** *Difficulté pour certaines personnes de faire des choix ou de vivre pleinement le quotidien.*

**Situation désirée:** *Soutenir l'individu dans ses choix.*
*Accepter d'élargir ses horizons.*
*Admettre que certaines situations ne puissent être changées.*
*Apprendre à vivre le moment présent.*

Un jour vivait dans une forêt magnifique un couguar qui chantait tout le temps. Il demeurait dans un endroit particulièrement beau où tout était fleuri, où le feuillage des arbres était d'un vert éclatant et où l'on pouvait humer la rosée sur les feuilles. Il aimait accueillir les autres animaux dans son domaine car il en était très fier. Il s'y sentait tellement bien que cela devenait de plus en plus difficile pour lui de le quitter.

Quand il rendait visite à quelqu'un, il se demandait tout le temps s'il avait raison d'y aller. Il pensait qu'il avait mille choses à faire, qu'il pourrait recevoir de la visite et qu'il n'y serait pas; en somme, toutes ces idées l'empêchaient de profiter du moment présent.

Il y avait, dit-on, dans un coin de la forêt une lumière mystérieuse qui, au contact du soleil, devenait aveuglante. Un jour, le couguar très intrigué par cette lumière décida d'aller voir. En se retournant constamment pour voir si tout était correct chez lui, il arriva à une grande clairière pleine de fleurs. Il promena des yeux ébahis autour et vit de grands arbres magnifiques. Il écouta les bruits et entendit un merveilleux chant d'oiseau. Il scrutait pour savoir d'où provenait le bruit quand il aperçut un oiseau brillant de mille feux éblouissants.

L'oiseau lui proposa de rester quelques jours afin de

bien profiter de ce coin et aussi pour faire plus ample connaissance. Le couguar accepta. Il trouvait que l'oiseau bleu avait une grande connaissance des choses. De plus, il avait une voix impressionnante. Alors le couguar se laissa bercer par la musique de son nouvel ami, profita de la chaleur et du bien-être que cet endroit produisait sur lui. Lorsqu'il semblait inquiet et qu'il regardait en arrière, l'oiseau sifflait son chant et le couguar retrouvait son bien-être.

Mais les jours passèrent et un bon matin, le couguar constata en se réveillant qu'il n'entendait plus l'oiseau. Il regarda autour de lui et il trouva que tout était triste, alors il revint chez lui.

Sur le chemin du retour, il eut peur de ne plus se trouver bien chez lui; il regarda en arrière et regretta déjà l'oiseau bleu. Lorsqu'il grimpa sur son arbre, il eut peur de ne plus y retrouver la chaleur dont il avait besoin. Mais à sa grande surprise, il entendit tout à coup dans sa tête le chant de l'oiseau bleu et un frisson de plaisir courut tout le long de son corps.

Le couguar comprit alors qu'il entendrait ce chant lorsqu'il le désirerait afin de retrouver cette chaleur et ce bien-être. Il avait réalisé qu'il était très important de vivre le moment présent.

# Le grand ménage

**Sujet traité:** Incapacité des gens à faire des choix judicieux.

**Situation désirée:** Aider quelqu'un à se départir de souvenirs encombrants.
Orienter la personne dans ses choix.
Aider un individu à faire du ménage dans sa vie.

Un jour, le grand roi Louis XIV avait décidé de faire du ménage dans son château.

Depuis des générations, des choses de toutes sortes s'y étaient accumulées et les pièces étaient maintenant encombrées. Il ne savait pas ce qu'il devait faire de toutes ces choses.

Il en parla à son homme de confiance, le cardinal Mazarin, qui lui donna son opinion: «Il y a certainement plusieurs objets qui sont très importants pour toi dans tout cet attirail, dit-il. Tu sais, quand on vieillit ou qu'on veut faire des changements dans sa vie, il faut faire des choix. Alors, c'est à toi de choisir: ce que tu veux garder absolument, tu le mets de côté; ce qui est inutilisable, tu le jettes aux rebuts et ce qui a encore de la valeur mais que tu ne veux ou ne peux plus utiliser, tu le donnes aux plus démunis; ainsi, tu permets à d'autres gens de pouvoir s'en servir.»

Revenu chez lui, Louis XIV réfléchit et décida de suivre les conseils du cardinal; il fit ce qu'il est convenu d'appeler le «grand ménage».

Il fut surpris de réaliser qu'il possédait autant de choses dont il ignorait même l'existence.

Son choix s'arrêta sur plusieurs objets qui furent jetés aux ordures.

Quant aux choses encore utilisables, elles furent

sélectionnées avec soin et remises à des gens défavorisés qui lui furent très reconnaissants de ces dons.

Il fut finalement surpris de constater que les objets auxquels il tenait vraiment étaient très peu nombreux. Il se sentit vibrer et fut émerveillé par leur beauté et leur valeur sentimentale.

Par la suite, il réaménagea ses appartements privés et fut tellement étonné de s'y sentir heureux qu'il invita le cardinal à venir le visiter...

On raconte que par la suite, Louis XIV se tenait beaucoup plus souvent dans ses appartements privés.

# Mon petit morceau

**Sujet traité:** Dépréciation de ce que la vie nous apporte quotidiennement.

**Situation désirée:** Apprendre à apprécier ce que l'on a.
Aider les gens à profiter de ce que chaque jour leur apporte de bon.
Développer le sens du partage.

Une famille d'ours vivait à l'orée du bois. Un homme, qui les avait apprivoisés, leur offrait une tablette de chocolat par semaine. Il ne pouvait pas leur en donner plus parce que son budget ne le lui permettait pas.

Au début, papa ours, maman ourse et les oursons se bataillaient pour avoir toute la tablette de chocolat juste pour eux. Après quelques semaines, les parents ours décidèrent qu'ils partageraient eux-mêmes la tablette en donnant un morceau à chacun.

Tous ne réagirent pas de la même façon. Certains prirent leur morceau et le tirèrent sur un arbre tellement ils étaient fâchés que le morceau soit si petit.

D'autres allèrent le cacher pour le manger plus tard, mais ils risquaient que les fourmis le trouvent ou qu'il devienne moins bon. Il y en a qui l'avalèrent si vite qu'ils n'eurent même pas le temps d'y goûter.

Quant aux plus sages, ils étaient un peu tristes que le morceau soit si petit, mais cela ne les empêchait pas de le déguster doucement et de le savourer en se léchant les babines.

# À la recherche de l'aiguille

**Sujet traité:** Perception erronée de l'origine de ses problèmes ou de ses faiblesses.

**Situation désirée:** Aider ceux qui voient souvent l'origine de leurs problèmes dans leur environnement plutôt qu'à l'intérieur d'eux-mêmes.

Un soir, les villageois virent Rabya penchée qui cherchait quelque chose dans la rue en face de sa hutte. Pauvre femme! «Quel est votre problème? dirent-ils. Vous cherchez quoi au juste?»

Elle dit: «J'ai perdu mon aiguille.» Tous se mirent à quatre pattes et l'aidèrent à chercher.

Alors quelqu'un lui demanda: «Rabya, la rue est grande, la nuit commence à descendre, bientôt, il fera noir et une aiguille est une si petite chose, peux-tu préciser plus exactement où elle est tombée?»

Rabya dit: «L'aiguille est tombée à l'intérieur de ma maison.»

Les villageois dirent: «Es-tu folle? Si l'aiguille est tombée à l'intérieur de ta maison, pourquoi la cherches-tu ici?»

Elle dit: «Parce que la lumière est ici. À l'intérieur, il fait noir.»

Quelqu'un dit: «Oui, mais Rabya, même si la lumière est ici, comment peut-on trouver l'aiguille si elle n'a pas été perdue ici? La meilleure façon est d'apporter la lampe en dedans, alors, on pourra trouver l'aiguille là où elle est.»

Rabya se mit à rire. «Vous êtes si intelligents pour

les petites choses, dit-elle. Quand allez-vous utiliser votre intelligence pour votre vie intérieure? Je vous ai tous vu chercher à l'extérieur et je sais parfaitement, je le sais de ma propre expérience, que ce que vous cherchez est perdu en dedans. Usez de votre intelligence. Pourquoi cherchez-vous la paix dans les choses extérieures? Est-ce là que vous l'avez perdue?»

Ils restèrent confondus et Rabya disparut dans sa maison[44].

# Balboa, le
# pirate des Caraïbes

| | |
|---|---|
| **Sujet traité:** | *Faible évaluation de son potentiel intérieur.* |
| **Situation désirée:** | *Aider un individu à découvrir ses multiples ressources intérieures.* |
| | *Amener quelqu'un à utiliser tous ses talents.* |
| | *Inciter une personne à actualiser son potentiel.* |

Balboa naviguait depuis longtemps dans les mers du sud, à la recherche de trésors de toutes sortes. Comme il était un pirate, il s'attaquait souvent à des bateaux appartenant à de riches marchands dans le but de les piller et d'être encore plus riche. Mais une règle d'or régnait chez lui: celle de ne jamais tuer personne car il considérait que le droit de vie ou de mort sur ses semblables ne lui appartenait pas.

L'harmonie régnait sur son navire et, au fil des ans, il avait acquis une grande maîtrise de lui-même. Avec douceur, compréhension et parfois même avec fermeté, il avait su créer graduellement un climat de confiance et de respect parmi les membres de son équipage.

Le capitaine avait un grand désir: celui de connaître et de comprendre toutes les choses de la vie. Alors il voyageait de pays en pays, toujours plus loin, ne sachant jamais où il jetterait l'ancre.

Un jour, il fit escale sur une île merveilleuse, un endroit de rêve. Ses habitants rayonnaient de bonheur et de joie de vivre et ils chantaient et dansaient. Ils étaient aussi capables de travailler avec hardiesse, mais ils savaient prendre le temps de se reposer. Le corsaire s'amusa beaucoup sur cette île extraordinaire et au contact de ces gens, il réalisa que malgré toutes les richesses accumulées, il n'était pas vraiment heureux.

Avant son départ, il invita le souverain de l'île à visiter son navire. Le roi, voyant dans l'ombre une porte fermée, lui demanda: «Qu'y a-t-il derrière cette porte?» Et le capitaine de répondre: «Je l'ignore; je n'en possède pas la clef. D'ailleurs, dit-il, j'ai tout l'espace qu'il me faut.» «Dommage, dit le monarque, peut-être y découvrirais-tu des trésors insoupçonnés.»

Peu après le départ du roi, Balboa, demeuré perplexe en songeant à cette porte mystérieuse, décida de l'enfoncer. Il entreprit d'y faire le ménage et il y découvrit des richesses inimaginables. Dans cette nouvelle pièce, il aperçut bientôt tout autour un nombre incalculable de petites portes et il n'avait qu'à les ouvrir pour y cueillir d'autres trésors...

Plus tard dans la nuit, après avoir longuement réfléchi, Balboa réalisa tout le temps qu'il avait perdu à vagabonder sur les mers à la recherche de trésors qui, en réalité, se cachaient sur son propre bateau, mais qu'il n'avait pas pris le temps de découvrir.

Il décida alors de cesser sa course folle à travers le monde et de réorganiser sa vie...

# À la recherche de la mer

| | |
|---|---|
| **Sujet traité:** | *Refus de voir le côté positif de la vie.* |
| **Situation désirée:** | *Aider les gens à voir et à apprécier toutes les richesses et les ressources qui peuvent les rendre heureux.* <br> *Stimuler l'actualisation du potentiel intérieur de chacun.* |

Nous savons tous que le grand dauphin Flipper est un poisson très choyé. Il habite l'aquarium de Miami où il donne des spectacles et il est libre d'aller et de venir, à son gré, dans l'océan.

On raconte qu'un jour, il décida de partir à la recherche de la mer car, depuis qu'il était là, il entendait souvent les gens dire que la mer est extraordinaire, qu'elle est douce et belle, que les vents y sont agréables et que le soleil y est toujours rayonnant. Il y avait même des individus qui racontaient qu'ils écoutaient la mer ou qu'ils se laissaient caresser par elle.

Flipper se dirigea donc, par un beau matin d'été, vers l'océan Atlantique. Un peu plus loin, il rencontra une tortue géante et il lui demanda:

— Peux-tu m'indiquer par où on passe pour se rendre à la mer?

— Je ne suis pas sûre, dit-elle, mais je crois que c'est par là.

Bientôt, il rencontra une magnifique baleine bleue et il lui demanda si elle savait où était la mer.

— J'en ai entendu parler, dit-elle, mais je ne sais pas vraiment où elle est.

Alors, après avoir longtemps nagé, Flipper discuta avec un béluga qui ne connaissait pas, lui non plus, l'emplacement exact de la mer.

Très déçu, notre ami tourna en rond pendant longtemps, jusqu'à ce qu'il aperçoive, non loin de lui, une superbe sirène aux cheveux d'or. Osant à peine y croire, il s'approcha doucement d'elle et lui posa la même question qu'aux autres. La sirène le regarda avec étonnement pendant un bon moment avant de lui répondre:

— Voyons, mon ami, tu es dans la mer; nous sommes dans la mer; elle est ici et tout autour de nous. Tu te laisses constamment bercer par sa douceur et ses vagues extraordinaires. Tu vis dans cette merveille.

Puis la sirène repartit, le sourire aux lèvres en voyant l'éclat du regard de Flipper.

Très tard ce soir-là, notre ami regagna sa demeure. Il avait compris qu'il possédait la mer depuis longtemps et qu'il ne se rendait pas compte de toutes ces richesses qui étaient à sa disposition[45].

# Ne change pas

**Sujet traité:** Incapacité des gens qui, tout en étant conscients et convaincus qu'ils doivent changer, n'arrivent pas à passer à l'action.

**Situation désirée:** Aider les gens à positiver leurs attitudes. Favoriser l'intégration des concepts au niveau du cerveau droit (inconscient).

J'ai été névrosé pendant plusieurs années. J'étais plein d'angoisses, déprimé et égoïste, et tout le monde me répétait de changer. Et tout le monde me répétait que j'étais névrosé.

J'en ai voulu à tout le monde, puis je suis tombé d'accord avec tout le monde et j'ai pris la résolution de changer, mais je ne parvenais pas à changer, quels que fussent mes efforts.

Ce qui me blessa le plus fut le fait que mon meilleur ami, lui aussi, me répétait jusqu'à quel point j'étais névrosé. Lui aussi insistait pour que je change. Et je tombai d'accord avec lui aussi, tout en me sentant incapable de lui en vouloir. Et je me sentis des plus démunis et pris au piège.

Alors, un jour, il me dit: «Ne change pas. Demeure ce que tu es. En fait, peu importe que tu changes ou non: je t'aime comme tu es; je ne peux m'empêcher de t'aimer.»

Ces paroles résonnèrent comme une musique à mes oreilles: «Ne change pas. Ne change pas. Ne change pas... Je t'aime.»

Je me détendis. Je repris vie. Puis, ô merveille, je changeai![46]

# À la conquête de la rivière

| | |
|---|---|
| **Sujet traité:** | *Crise réactionnelle face à certaines épreuves de la vie.* |
| **Situation désirée:** | *Aider les gens à passer à travers une période difficile de leur vie: tentative de suicide, burn-out, dépression, séparation, divorce, deuil, désintoxication, etc.* |

Il était une fois un jeune homme qui, dès son enfance, avait appris à faire du canot avec ses parents. Tous les jours, il allait se promener sur la rivière et ses randonnées étaient habituellement très longues. Parfois, il se promenait seul; d'autres fois, il emmenait des gens avec lui car il aimait beaucoup la présence d'amis.

Un beau jour qu'il sillonnait la rivière calme sous un soleil resplendissant, il vit apparaître au loin une série de remous inquiétants. Comme il avait déjà l'expérience des rapides et qu'il savait bien contrôler son embarcation, il ne s'en fit pas outre mesure. Son gilet de sauvetage était au fond du canot et il se dit que s'il en avait besoin, il serait toujours temps de l'endosser.

Tout à coup, une bourrasque de vent venue de nulle part se leva si rapidement qu'il fut projeté vers les rapides à une vitesse vertigineuse. Il commença à avoir peur. Mais comme il avait déjà vu des canotiers traverser ces rapides par forts vents, il se dit: «Si d'autres ont réussi, je devrais surmonter l'épreuve moi aussi.» Cela le rassura un peu.

Malgré tout, chaque fois qu'il faisait un mouvement avec sa rame, son canot se heurtait à de gros rochers. Il continua à ramer et à s'agripper tant bien que mal aux bords de son canot. Il voulut endosser son gilet de sauvetage mais ce dernier avait basculé par-dessus bord. Alors, malgré le fait qu'il sache bien nager, la peur s'empara de lui de plus en plus. Il pagayait à droite et à gauche, mais en vain! Il perdait le contrôle de sa frêle embarcation emportée par les rapides et ses forces diminuaient graduellement, si bien que ses rames lui échappèrent. Il ne voyait plus à l'horizon que des tourbillons violents, des vagues et des rochers. Le beau soleil si chaud avait lui aussi disparu. Ses yeux balayaient la rive et il ne voyait personne. Pourtant, dans ses randonnées précédentes, il y avait toujours plein de gens sur les berges à qui il aurait pu demander de l'aide. Il avait beau crier «Au secours! Au secours!», il avait l'impression que le vent emportait sa voix. Sa peur augmentait, ses forces déclinaient et il se sentait si seul, si isolé.

Il songeait à se laisser chavirer quand tout à coup, il entendit une voix: «Accroche-toi! Tiens bon! je suis là!» D'où venait ce message? Quel était ce miracle?

Se ressaisissant, il s'essuya les yeux du revers de sa manche et il vit soudain plusieurs visages familiers sur le rivage. Lui qui pensait que tous l'avaient abandonné, il s'aperçut que ce n'était que l'eau dans ses yeux et la sueur qui coulait de son front qui avaient brouillé sa vision. Les amis qu'il ne voyait plus étaient toujours là, l'appelant et lui lançant des cordes, des bouées et des gilets de sauvetage. Toutes ces personnes qui l'aimaient tant, il les avait oubliées et de les voir se démener ainsi afin de le sauver lui redonna force et courage. Il se souvint alors qu'il avait laissé une vieille rame au fond du canot; il s'en empara et s'approchant du rivage, il réussit à attraper des cordes lancées çà et là sur l'eau. Et comme il ne voulait pas quitter la rivière, il se laissa guider par ces cordes tressées d'amour.

Le vent tomba, le cours d'eau se calma de plus en plus et le soleil réapparut.

Il se demanda alors pourquoi il avait l'impression qu'il faisait aussi sombre que dans un tunnel au moment où il était au beau milieu des rapides. Il se retourna et vit qu'il avait passé un couloir où les arbres étaient tellement fournis qu'ils lui cachaient le soleil. De plus, il n'avait pas pris le temps de lever la tête pour voir qu'un gros nuage lui avait temporairement caché le soleil; tout comme l'eau, le froid et le vent l'avaient empêché de voir tous ces gens suivre son itinéraire.

Il tenait toujours toutes ces cordes qui lui avaient été lancées, ces cordes qui l'avaient guidé, dirigé vers la fin des rapides et qui lui avaient permis de se reposer et de reprendre des forces. Il les laissa échapper une à une et, d'un signe de la main, remercia tous les gens qui les lui avaient lancées. Bientôt, on n'entendit plus que le bruit calme de l'eau qui coule doucement.

Notre petit homme se promit que désormais, aucun rapide ne lui ferait plus peur puisqu'il savait maintenant que tous ces gens seraient toujours là et qu'ils pourraient toujours compter sur eux. Et il se dit: «Si ces gens m'aiment tant, c'est que je suis quelqu'un et que je me dois de m'aimer moi-même.»

# Ma maison

**Sujet traité:** Mésestime de soi. Inconfort intérieur sans raison évidente (mal dans sa peau).

**Situation désirée:** Aider les gens souffrant d'un handicap ou d'une maladie (agoraphobie, obésité, anorexie, etc.).

Elle était jolie, cette maison que j'habitais depuis tant d'années. Son toit brun, ses deux grandes fenêtres à travers lesquelles on pouvait voir pratiquement tout ce qui se passait à l'intérieur, la caractérisaient. Mais je ne m'y sentais pas bien.

Bien sûr, dans mon enfance, je ne voyais pas bien son intérieur. Je ne me préoccupais pas de l'enjoliver ni d'apprécier ses beautés. Pendant longtemps, j'y étais presque insensible. J'y vivais par habitude.

Lorsque quelqu'un me faisait remarquer qu'une décoration était plus ou moins jolie, je n'y portais pas attention; ou plutôt, je ne voulais pas y porter attention. Alors, je la cachais ou bien je ne la regardais plus, mais tôt ou tard, cette décoration refaisait surface, par je ne sais quelle magie.

J'y vivais comme un automate. Lorsque quelqu'un me complimentait sur une pièce particulièrement agréable ou même de grand prix, je rougissais, disant que ce n'était rien, sinon une illusion. Puis, un jour, cette maison qui m'était auparavant si familière me devint tout à coup, je ne sais pour quelle raison, inhabitable.

Je la détestais. Je la fuyais. Je ne lui trouvais plus rien de beau. Elle me faisait mal et je lui faisais mal. Je la sentais comme hantée, habitée d'une maladie que je croyais incurable. J'avais beau fuir, cette maison me suivait. J'aurais voulu la démolir.

Je la voyais si laide que je pensais qu'elle n'avait plus le droit d'exister. Jusqu'au jour où sur mon chemin, j'ai croisé des spécialistes en décoration intérieure. Je les ai fait entrer dans ma maison que je trouvais si laide, et eux, ils l'ont trouvée si belle.

Ils m'ont fait ressortir les plus belles décorations que j'avais enfouies au plus profond du sous-sol. En plus de les avoir oubliées, lorsque je les ai redécouvertes, j'ai eu peine à croire qu'elles m'avaient déjà appartenu, ces petites choses qui rendent pourtant la vie si merveilleuse.

Puis je me suis mis(e) au travail. Avec l'aide de ces décorateurs hors pair, j'ai fini par sélectionner de belles trouvailles que je peux enfin accepter d'accrocher bien en vue; non pas pour les montrer aux autres dans le but de leur faire envie, mais bien plus pour les voir et les admirer moi-même. Quelle satisfaction de redécouvrir ces trésors que je croyais à jamais disparus!

Cette maison que je continue d'embellir n'a pas d'adresse et ne coûte pas un sou à chauffer, même en hiver. J'y habite seul(e), mais j'y ai beaucoup de visiteurs puisque maintenant je laisse les portes ouvertes. J'ai jeté définitivement le cadenas qui l'a fermée si longtemps.

# La rose épanouie

**Sujet traité:** Difficulté pour les gens de «grandir» dans la souffrance.

**Situation désirée:** Encourager l'épanouissement de l'individu à travers différentes épreuves: abandons, agressions, passage d'une famille à une autre, etc.

Quelles difficultés elle avait rencontrées, cette rose, avant de pouvoir s'épanouir vraiment!

Alors qu'elle était encore une toute petite graine et qu'elle commençait à peine à germer, le vent l'avait déposée dans un endroit plus ou moins accueillant. Elle demeura là un petit moment et elle s'y sentit relativement bien car quelqu'un lui apportait souvent du fumier pour la nourrir.

Un jour cependant, alors qu'elle était encore bien jeune, la pousse fut déménagée très souvent avec plus ou moins de précaution. Sa nourriture était de qualité médiocre et, malgré les querelles avec ses voisins, elle réussissait quand même à survivre. Le jardinier qui s'occupait d'elle la malmenait souvent et elle était très malheureuse dans son cœur car elle ne pouvait rien y faire. Elle se faisait parfois des amis, mais elle devait toujours les quitter pour continuer tant bien que mal à s'épanouir ailleurs.

Si bien qu'un jour, elle se retrouva dans une sorte de dépotoir abandonné. Elle eut beaucoup de misère à y survivre car ses racines devaient aller chercher sa nourriture à travers des détritus de toutes sortes et parfois même dans des éléments en décomposition.

Mais elle se sentait comme dans un endroit protégé du vent et de la pluie et peu à peu, elle s'habitua à cette nouvelle vie. Comme elle était forte et qu'elle avait passé à travers beaucoup de difficultés, elle finit par s'épanouir de plus en plus et devint une rose unique, aux pétales extraordinaires.

Un horticulteur renommé vint un jour à passer par là. En apercevant la rose, il fut stupéfait par sa beauté et son éclat. Il décida alors de la transplanter délicatement dans sa serre et il lui fit une place de choix.

À partir de ce moment-là, notre rose fit l'envie de tous les visiteurs; tous voulaient l'acquérir mais le propriétaire gardait son joyau rare pour lui et il en prenait grand soin.

Elle fut par la suite immortalisée sur un nombre incalculable de photos et elle remporta de nombreux prix à différents concours horticoles à travers le monde.

# Je construis ma maison

**Sujet traité:** *Difficulté pour quelqu'un d'accepter d'avoir à consulter un thérapeute.*

**Situation désirée:** *Motiver les adultes à consulter divers intervenants en rapport avec leur cheminement personnel et/ou celui de leur(s) enfant(s).*

Des amis à moi avaient entrepris de construire leur propre maison et ils avaient décidé de prendre tout le temps nécessaire à cet effet.

Au début, tout allait bien: ils avaient appris à lire des plans, ils en avaient analysé plusieurs pour s'arrêter finalement sur l'un d'eux.

Ils coulèrent le solage avec l'aide de quelques amis. Ils posèrent le plancher sans trop de difficultés et ils montèrent les murs avec une certaine habileté. Ils consultèrent des proches pour installer les fenêtres et les portes. Ils eurent un peu de misère à poser la porte-fenêtre mais avec l'aide d'un parent, il y réussirent assez facilement.

Ils se renseignèrent sur les différentes normes à respecter quant à l'isolation, à la fosse septique et à la plomberie. Mais ils durent engager quelqu'un pour faire les installations électriques.

Cependant, ils eurent une mauvaise surprise quand vint le temps de poser le toit; ils ne savaient plus comment s'y prendre. Personne de leur entourage ne le savait trop d'ailleurs. Ils essayèrent quand même, mais après plusieurs tentatives ils n'y réussirent pas.

Ils durent marcher sur leur orgueil et ils décidèrent d'aller consulter un spécialiste. Ce dernier vérifia leurs outils et il leur donna des conseils pour la construction et l'installation des chevrons sur les murs.

Ils mirent ces conseils en pratique et quelques semaines plus tard ils purent poser les bardeaux sur le toit et terminer la finition intérieure.

Ils étaient très fiers de leur réalisation et par la suite, ils organisèrent une fête pour pendre la crémaillère.

Tous les gens de leur entourage vinrent les féliciter pour leur courage, leur créativité et leur persévérance.

# L'ourson imprudent

| | |
|---|---|
| **Sujet traité:** | Hésitation des gens à demander de l'aide en cas de besoin. |
| **Situation désirée:** | Déculpabiliser ceux qui font appel à un support particulier.<br>Montrer que ce n'est pas si dramatique d'utiliser des ressources extérieures.<br>Faciliter la démarche de quelqu'un en vue de l'utilisation de services particuliers. |

Une famille d'ours vivait non loin d'un cours d'eau. Souvent papa ours, maman ourse et les quatre petits oursons venaient à la rivière pour s'y baigner et s'y amuser.

Un jour, le plus jeune, s'étant éloigné des autres à la recherche d'escargots, trouva une barque abandonnée sur le bord du rivage. À coups de patte, il poussa peu à peu le petit bateau qui ne toucha bientôt presque plus le fond. Au dernier moment, notre petit aventurier sauta dans l'embarcation qui fut immédiatement emportée par les vents et le courant.

Comme il avait du plaisir à faire balancer le frêle esquif à droite et à gauche et comme il criait de joie en voyant planer les oiseaux au-dessus de lui!

Bientôt cependant, maman ourse commença à s'inquiéter de la disparition de son cadet et l'aperçut tout à coup, gesticulant, au beau milieu de la rivière.

Papa ours, étant accouru aux cris de sa compagne et sachant bien que la barque se dirigeait vers une cascade dangereuse, n'écouta que son courage et s'élança à la nage au secours du jeune intrépide.

Avec son expérience, il eut tôt fait de rejoindre le petit bateau et de grimper à bord, mais il réalisa bien vite qu'il n'y avait pas de rame à l'intérieur et qu'il n'avait pas pris la précaution d'en apporter une.

De toutes ses forces, il demanda alors de l'aide à maman ourse qui essaya, en vain, de lancer des lianes vers le milieu de la rivière.

Ne sachant plus quoi faire, elle poussa alors le grand cri de détresse que tous, dans la jungle, connaissaient bien, mais qu'ils n'entendaient que rarement.

Quelques instants plus tard, elle vit, à sa grande surprise, apparaître le célèbre Tarzan, l'ami de tous les animaux, accompagné du grand condor, qui venait lui prêter main forte. Prenant conscience de la situation, il inséra, sans hésiter, le bout d'une liane dans le bec du condor et lui demanda d'aller le porter dans l'embarcation des malheureux infortunés.

Il fallait faire vite car les chutes menaçantes approchaient de plus en plus.

Tarzan demanda alors le support de maman ourse pour l'aider à tirer doucement les naufragés de fortune vers la berge car il connaissait bien la fragilité des lianes.

Peu à peu, avec précaution, ils ramenèrent délicatement la barque et les effusions fusèrent bientôt de toutes parts.

Il y eut plus de peur que de mal mais tous avaient compris que lorsque la situation l'exige, il ne faut pas hésiter à faire appel à des ressources extérieures pour retourner à bon port.

# L'accident de ski

**Sujet traité:** Dépendance face à un support particulier (relation d'aide, aide pédagogique, psychothérapie, etc.).

**Situation désirée:** Faire réaliser à quelqu'un qu'il n'a plus besoin d'un suivi individuel.
Développer la prise en charge personnelle et la confiance en soi.
Vaincre ses peurs.

Jimmy faisait du ski depuis son enfance. Il avait même participé à des compétitions de sauts et il se classait régulièrement parmi les premiers. Il était très fier de lui et tous ses amis l'admiraient.

Par un bel après-midi du début d'avril, il était tout heureux de faire du «ski de printemps», mais à la suite d'une fausse manœuvre, il quitta la piste et alla s'écraser dans un bosquet.

Il eut besoin de l'aide des patrouilleurs pour retourner au pied des pentes et on dut l'emmener à l'hôpital car il avait une jambe cassée.

Jimmy était très déçu de terminer la saison de cette façon, mais il se dit qu'il avait jusqu'à l'automne suivant pour récupérer.

On immobilisa sa jambe avec un plâtre et il fut condamné à marcher avec des béquilles. Aussi, tous ses proches s'empressèrent de le soutenir dans cette épreuve.

Après quatre semaines, on lui enleva son carcan et il commença ses exercices de physiothérapie, tout en continuant de s'aider avec ses béquilles.

Au cours de la cinquième ou sixième séance, son thérapeute lui conseilla de marcher sans support mais Jimmy avait peur de mettre son poids sur sa jambe; il préférait garder ses béquilles car il se sentait en sécurité.

Puis, le physiothérapeute revint à la charge plusieurs fois par la suite, lui répétant qu'il était guéri mais sans plus de résultat. Notre ami gardait toujours ses béquilles.

Finalement, par un beau matin d'été, en sortant d'une séance de traitement, Jimmy dut, à toute vitesse, laisser tomber ses béquilles et partir à la course pour sauver un enfant sur le point de se faire frapper par une auto.

Portant l'enfant dans ses bras pour le ramener à sa mère, il prit soudain conscience qu'il marchait sur ses deux jambes sans problème et sans aucune hésitation.

Les larmes aux yeux, la mère le remercia pour son acte de courage et elle lui dit que lorsqu'elle l'avait vu sortir de la clinique, elle pensait qu'il était blessé, mais elle voyait bien qu'elle s'était trompée car elle avait devant elle un jeune homme qui paraissait en pleine forme. Ce à quoi Jimmy répondit par un hochement de tête et un sourire énigmatique.

Il avait compris le risque qu'il avait couru en agissant de la sorte et réalisé le temps qu'il avait ainsi perdu et qu'il aurait pu consacrer à autre chose.

En rentrant chez lui, il lut dans les yeux de sa grand-mère adorée le bonheur de le voir ainsi redevenu plein d'assurance et complètement rétabli.

# L'entraîneur

| | |
|---|---|
| **Sujet traité:** | *Difficulté pour un perfectionniste de contrôler ses ambitions.* |
| **Situation désirée:** | *Apprendre à mettre moins de pression sur soi et sur les autres.* |
| | *Faire confiance aux autres.* |
| | *Avoir des attentes réalistes.* |
| | *Se satisfaire du travail accompli.* |
| | *Prendre conscience qu'on ne peut tout faire à la place des autres.* |

Une équipe de hockey qui, l'année précédente, avait assez bien performé se retrouvait depuis le début de la saison dans une situation plutôt difficile.

L'entraîneur de l'équipe était très découragé car il mettait toute son énergie à travailler pour l'équipe. Il essayait de trouver des trucs nouveaux, il sermonnait les joueurs, il essayait de les sensibiliser aux conséquences et parfois il allait jusqu'à les engueuler. Il en rêvait même la nuit. La pression était énorme sur lui-même et sur les joueurs.

Mais rien n'y faisait: lors des matchs qu'il avait pourtant si bien préparés, l'équipe avait une piètre performance.

Il était de plus en plus découragé, lui, le perfectionniste; son orgueil en prenait un coup. Il n'était plus fier de lui; il pensait même à donner sa démission.

Il décida en dernier essor d'aller consulter le président de l'assemblée des gouverneurs de la L.N.H. (Ligue nationale de hockey).

Ce dernier lui fit les commentaires suivants:

«Tu es un bon entraîneur mais tu veux trop pour les autres. Lorsque tu as prodigué les conseils d'usage à ton équipe et que tu as fait ton possible, tu dois être satisfait de toi-même et laisser les autres faire le reste, car ce bout de chemin leur appartient et ce qu'ils font de tes conseils, c'est hors de ton contrôle.»

Cette rencontre l'apaisa énormément et il décida de mettre ces conseils en pratique.

Par la suite, il se sentit beaucoup plus heureux et l'équipe remonta la pente lentement pour finir la saison d'une manière très honorable.

# Ulysse part en voyage

| | |
|---|---|
| **Sujet traité:** | *Incapacité de préciser de façon claire ses objectifs.* |
| **Situation désirée:** | *Aider les gens à réaliser l'importance de savoir ce que l'on veut avant d'agir.* |

Depuis longtemps Ulysse préparait ce voyage qui devait changer sa vie. Il avait suivi des cours de géographie et il avait appris à parler plusieurs langues. L'endroit à visiter importait peu; ce qui était important pour lui, c'était de partir.

Les difficultés commencèrent lorsqu'il se présenta à l'agence pour y réserver son billet d'avion. Le conseiller en voyages lui posa les questions habituelles, puis vint le temps de déterminer la destination de son périple.

— Je ne veux pas aller au Mexique, dit Ulysse, ni en Grèce, ni en Italie, ni même au Pakistan.

— Où irez-vous alors? interrogea l'agent.

— Sûrement pas en Angleterre, dit notre ami, ni en Afrique, ni en Australie, ni en Allemagne.

— Ça ne nous avance pas de savoir où vous ne voulez pas aller, dit le spécialiste, de plus en plus décontenancé; il nous faut savoir où vous désirez vous rendre.

— Je ne m'intéresse pas à l'Espagne ni au Portugal, dit Ulysse, ni à la Russie ou aux Indes.

Se rendant compte alors de l'impasse dans laquelle il se trouvait, notre futur touriste, l'air penaud, décida de retourner chez lui.

Cette nuit-là, il fit un rêve au cours duquel il se

retrouva dans un aéroport à regarder les départs successifs des avions.

Il aperçut soudain à ses côtés le grand Lindberg, le premier pilote à avoir traversé l'Atlantique en 1927, qui s'adressait à lui: «Les avions sont prêts à aller n'importe où, disait-il. C'est le pilote qui doit décider de l'endroit où l'appareil se posera.»

Peu après, notre ami se réveilla en sursaut et il se rendormit très tard.

Au matin, il avait réalisé l'importance de bien connaître sa destination avant de partir en voyage.

# La monitrice

**Sujet traité:** *Épuisement personnel et professionnel.*

**Situation désirée:** *Prévenir le burn-out chez les intervenants: professeurs, travailleurs sociaux, agents de pastorale, médecins, infirmières, travailleurs de la santé, psychothérapeutes, conseillers, bénévoles, aidants naturels, parents, etc.*

Il était une fois une monitrice de canards qui était tellement bonne et tellement patiente que toutes les autres monitrices lui envoyaient leurs petits canards difficiles à éduquer: canards rebelles, canards à patte cassée, aux palmes défectueuses ou tout simplement canards paresseux.

Au début, elle aimait beaucoup cela. Elle était même un peu flattée qu'on ait besoin d'elle aussi souvent. Mais avec le temps, elle commença à se sentir fatiguée; c'était toujours elle qui devait travailler avec les pires canards. Dès qu'ils étaient bons pour l'envol, elle ne les revoyait plus ou c'étaient les autres monitrices qui les reprenaient en main. Par contre, s'ils étaient encore trop faibles et qu'ils devaient recommencer leurs apprentissages, c'était à elle qu'ils revenaient. Au lieu de la valoriser, cela finit par la rendre triste et découragée.

Un jour qu'elle se sentait vraiment déprimée, elle décida de se reposer un peu. Elle se retira sur le bord d'un tout petit ruisseau assez isolé des autres. Là, elle se laissa bercer par le clapotis des vagues et par le doux chant du vent dans les roseaux. Lentement, elle glissa dans un profond sommeil. Et elle fit un rêve. Elle se voyait toute calme sur un bel étang ensoleillé et tout à coup elle fut entourée d'une bande de canards, tous plus joyeux les uns que les autres. À sa grande surprise, elle reconnut plusieurs petits avec qui elle avait tant travaillé. Le premier lui cria: «Salut! tu vois comme je nage bien! Mes palmes sont en parfaite condition. C'est grâce à toi, tu sais!» Puis un autre qui planait doucement juste au-dessus: «Vois le mouvement de mes ailes, j'ai fini par apprendre! Tu te souviens comme c'était difficile pour moi?» Et un troisième qui plongea merveilleusement devant elle pour refaire surface à quelques mètres de là: «Regarde! C'est toi qui m'as convaincu que j'étais capable de plonger. Je suis très content maintenant!»

La monitrice était si heureuse, son cœur battait si fort de voir et d'entendre cela qu'elle se réveilla. Bien sûr, elle comprit très vite que ce n'était qu'un rêve car jamais elle ne revoyait les canards qui, grâce à elle, avaient réussi à partir comme tous les autres, mais son rêve resta dans son cœur comme une lumière toute chaude. Elle comprit combien, au plus profond d'elle-même, elle aimait tous ces petits canards boiteux et combien ils avaient besoin d'elle.

Après quelque temps, elle se sentit prête à retourner à son travail.

# Grand Tom

| | |
|---|---|
| **Sujet traité:** | *Épuisement personnel ou professionnel.* |
| **Situation désirée:** | *Aider quelqu'un qui veut tout faire à la place des autres.*<br>*Prévenir le burn-out.* |

Dans un petit village de la forêt amazonienne vivait un pygmée dont la taille dépassait de beaucoup celle des autres membres de la tribu. On l'avait surnommé Grand Tom.

Étant le plus grand et le plus fort de la tribu, Grand Tom pouvait faire beaucoup plus de travail que tous les autres réunis. Il n'était jamais fatigué, toujours prêt à accomplir les tâches les plus difficiles, tant et si bien qu'il en vint à penser qu'il était le seul capable de les exécuter. Les autres, malgré leur bonne volonté, n'arrivaient plus à suivre son rythme. Ils commençaient à se sentir inférieurs et à ne plus croire en leurs capacités. Les sourires et les éclats de joie avaient disparu du village sans qu'on sache pourquoi.

Grand Tom, ne s'apercevant de rien, continua ainsi jusqu'au jour où, épuisé par toutes ces tâches qu'il accomplissait pour les membres de sa tribu, il s'effondra au centre du village. Tous s'empressèrent autour de lui ne sachant trop que faire, jusqu'à ce que l'un d'eux propose de le transporter dans sa cabane pour le soigner.

Grand Tom demeura ainsi durant plusieurs semaines malgré les soins attentifs du grand sorcier qui lui administrait toutes les médecines qu'il connaissait.

Pendant ce temps, les habitants du village avaient décidé de se reprendre en main et la redistribution des tâches allait bon train.

Un bon matin, Grand Tom se réveilla comme d'un long sommeil. Tous accoururent pour constater de leurs propres yeux ce miracle que personne ne pouvait expliquer.

Affaibli par ce long sommeil, Grand Tom ne pouvait reprendre le travail sans une convalescence adéquate. Il demeura donc chez lui, passant de longues heures assis devant sa cabane à regarder les gens s'animer et accomplir les tâches journalières.

Cependant, ce qui le rassura le plus, ce fut la visite surprise de Tarzan, l'ami et le protecteur de toujours des pygmées avec qui il eut un entretien privilégié...

Au bout de quelques jours, Grand Tom, qui avait trouvé les gens bien changés à son réveil, sut pourquoi il n'avait pas reconnu son village et ses amis: chacun avait sa tâche et l'accomplissait à merveille. Tous en retiraient de nouveau un sentiment de fierté qu'ils avaient perdu sans que personne ne s'en rende compte.

À compter de ce jour, les éclats de rire et de joie fusèrent de toutes parts au village de Grand Tom.

# Le harfang intoxiqué

| | |
|---|---|
| **Sujet traité:** | *Dépendance face à différents abus.* |
| **Situation désirée:** | *Aider les gens à cesser un comportement nocif: drogue, cigarette, médicament, alcool, nourriture (anorexie, boulimie).* |

Très tôt cet été-là, un magnifique harfang des neiges avait construit son nid sur la plus haute branche d'un érable gigantesque.

De là, il pouvait voir le ciel et le soleil, sentir le vent et entendre les bruits qui lui parvenaient d'un peu partout.

Malheureusement, le nid de notre ami était situé juste au-dessus de la cheminée d'une maison centenaire.

De temps en temps, le propriétaire de la maison faisait un feu dans le foyer et naturellement notre harfang était très incommodé par la fumée, surtout au début. Mais peu à peu, il s'habitua à respirer cette pollution et son système, devenu de plus en plus intoxiqué, en redemandait davantage. Il était même heureux lorsqu'au début de l'automne le citadin faisait des feux plus gros que d'habitude.

Mais, avec le temps, la santé de notre oiseau se détériorait lentement, ses yeux lui piquaient de plus en plus, son plumage extraordinaire était devenu tout noir et ses plumes n'étaient plus soyeuses. Il avait de la difficulté à respirer, même s'il tournait la tête dans toutes les directions, et il ne chantait plus. Il avait perdu sa joie de vivre.

Finalement, n'en pouvant plus, l'oiseau décida

d'abandonner son nid. Tout en volant difficilement, car il devait s'essuyer les yeux avec son aile, il finit par atterrir dans un carré de sable où des enfants jouaient. Ceux-ci furent bien surpris de voir l'oiseau et se demandaient bien ce qui lui était arrivé. Ils décidèrent de le laver afin de le débarrasser de la suie sur son plumage et de lui rendre ainsi toute sa beauté. Puis ils lui apportèrent de la nourriture et du lait afin de le désintoxiquer.

Comme leur père avait construit une cabane d'oiseau, ils lui demandèrent d'y installer le harfang afin qu'il ait une belle maison où il serait à l'abri du vent, de la fumée et de la pluie et d'où il pourrait aller et venir à son gré.

Dans sa nouvelle résidence, l'oiseau se sentait en meilleure forme de jour en jour et il était tellement heureux que tous les matins il chantait ses plus belles chansons de sa voix redevenue merveilleuse.

# La louve solitaire

**Sujet traité:** *Difficulté d'adaptation à la solitude.*

**Situation désirée:** *Aider les gens à apprivoiser la solitude.*

Elle n'avait pas choisi la solitude cette louve désemparée; c'était plutôt la solitude qui l'avait choisie. Cette réalité s'était installée sournoisement dans sa vie. C'était comme un vide que seul le sommeil pouvait combler.

Pendant un certain temps, elle avait eu beaucoup d'amis, mais au fil des ans et des événements, leur présence s'était faite de plus en plus rare: chacun avait sa vie à construire, ses propres défis à relever.

Elle avait bien essayé de se joindre à différentes fêtes d'animaux mais lorsqu'elle participait à ces festivités, elle se sentait jugée et rejetée par tous ces couples d'animaux qui constituent la norme.

Elle se sentait comme atteinte d'un mal bizarre qui fait fuir les autres; elle se sentait inutile et avait l'impression de n'exister pour personne.

Après avoir entretenu quelques liaisons sans conséquence avec certains loups égarés ou occupés à élever leur famille, la honte s'était mise de la partie.

Elle n'osait plus se montrer seule dans les sentiers de la forêt car elle percevait dans le regard des autres animaux comme une accusation face à son statut de louve solitaire.

Pendant quelque temps, elle avait joué les femelles volontaires, indépendantes, ces louves qui choisissent la solitude et qui s'en accommodent très bien. Mais elle avait fini par pleurer son malheur sur le bord d'une rivière au cours tranquille où, épuisée, elle s'était finalement endormie.

Dans son sommeil, le génie de la rivière se mit à dialoguer avec elle. Avec son aide, notre amie jeta un regard sans pudeur sur ses comportements et sa personnalité. Elle réalisa alors qu'elle était la principale responsable de cette solitude et que, par ses attitudes, elle faisait le vide autour d'elle.

À son réveil, elle prit conscience qu'il y avait quelque chose de changé en elle. Elle avait compris que cette même solitude lui apprendrait comment mieux vivre. Elle partit donc à la découverte de cette louve qui se cachait derrière une carapace aussi épaisse que celle d'une tortue.

Il lui fallut quelque temps pour apprendre à accepter ses défauts et ses caractéristiques propres, sans se sentir dévalorisée. Elle prit peu à peu conscience de ses qualités et de son potentiel et elle apprit à les exploiter et à être conciliante avec elle-même.

Maintenant, elle se présente telle qu'elle est vraiment car elle a finalement accepté cette femelle qui l'habite et la solitude est mystérieusement devenue son amie.

Parfois, elle se sent choyée d'être aussi libre, de pouvoir écouter le chant des oiseaux ou les cascades d'une rivière, sans être constamment dérangée par le mâle ou ses louveteaux. D'ailleurs, elle l'apprécie à sa juste valeur.

Évidemment, il lui arrive encore d'envier les autres mais ces rechutes lui donnent l'occasion de réfléchir à nouveau sur sa condition et sur le sens de sa vie. Elle demande alors conseil au Dieu des animaux qui lui répète qu'on ne gagne rien à vouloir forcer la nature et qu'on ne doit pas laisser les autres nous dicter nos propres besoins.

Elle est maintenant plus réceptive aux petits bonheurs qui font le quotidien. Elle savoure d'autant plus les rencontres et les échanges car pour elle ce sont des moments rares et privilégiés[47].

# Maggie

**Sujet traité:** Difficulté à affronter les grandes étapes de la vie.

**Situation désirée:** Encourager la préretraite.
Favoriser la préparation à la retraite.
Faciliter l'acceptation de la vieillesse.

Maggie vit quelque part sur la côte ouest américaine et elle est fondatrice des «panthères grises» qui comptent 70 000 adhérents.

Maintenant âgée de 87 ans, elle est demeurée la championne des droits des personnes âgées et elle incarne l'humour et la vitalité du troisième âge.

On raconte qu'un jour, quelque temps après avoir pris une retraite «bien méritée», elle se promenait, un peu désœuvrée et l'âme en peine, dans une campagne verdoyante. Ne se sentant plus utile à grand-chose, elle arpentait d'ailleurs régulièrement ce sentier qui menait à un verger extraordinaire.

Ce matin-là, elle décida de se reposer à l'ombre d'un pommier magnifique, rempli de fruits étincelants. Perdue dans ses pensées, elle prenait conscience que la vieillesse est une expérience qui semble effrayante dans une société comme la nôtre où la jeunesse et la beauté sont adulées.

C'est alors qu'elle entendit la voix du pommier centenaire lui raconter qu'il avait l'écorce très plissée, qu'il avait perdu beaucoup de branches, mais qu'il se considérait encore très solide et qu'il produisait chaque année de nombreuses pommes fraîches et délicieuses dont se régalaient les gens du voisinage.

À la suite de cette étonnante «révélation», Maggie

se sentit prête à soutenir et à stimuler les «Gardiens du Futur», un groupe de gens à la retraite qui s'occupait des problèmes de la communauté comme l'environnement, la santé publique ou les jeunes en difficulté.

Plus tard, elle entra en contact avec le «Réseau international de voyages d'études», qui compte plus de 200 000 étudiants-aventuriers de 55 ans et plus, et elle participa à l'un de ses périples vivifiants.

Revenue chez elle depuis un certain temps pour se reposer, elle sentait de plus en plus le poids de l'isolement qui est le lot des personnes vieillissantes, lorsqu'un jour elle s'attarda au pied d'un noisetier gigantesque qui communiqua mystérieusement avec elle en ces termes: «Tu sais, je suis très vieux, dit-il. Les saisons où je ne produis pas de fruits, je me sens isolé; personne ne me rend visite. Mais lorsque je produis beaucoup de noisettes, les écureuils n'arrêtent pas de sautiller sur mes branches et les jeunes du voisinage se disputent autour de moi pour cueillir mes fruits. Je me sens alors important et fier de moi.»

Maggie sentit alors monter en elle une énergie nouvelle, qui l'amena à participer aux Jeux olympiques du 3e âge et à prendre la parole au Souper annuel du sénat américain, constitué en grande majorité de gens âgés qui ont pris conscience du poids électoral de cette tranche de la population.

Plus tard, elle fut l'invitée d'honneur au cocktail-bénéfice du groupe «Grands-parents–jeunesse» qui consiste à jumeler des gens de 55 ans et plus avec des jeunes des services sociaux ou des enfants de familles monoparentales et elle y rencontra également les dirigeants du mouvement d'entraide «Solidarité horizontale».

Au printemps suivant, Maggie fut conviée à participer à une partie de sucre au Québec. Lorsqu'elle but quelques gorgées de la sève d'un érable patriarcal, elle se sentit toute drôle à l'intérieur et elle entendit comme

une voix qui lui disait que l'âge d'or était aussi caracté-
risé par une grande maturité spirituelle.

Cette «potion magique» lui apporta la connaissance
des choses intérieures et réorienta sa vision de la vie.

Et lorsqu'elle prononça le mot de la fin, après cette
journée mémorable, elle insista sur la nécessité de
réinventer ses propres façons de vieillir et c'est ce
qu'elle fit tout au long des années qui suivirent[48].

# La mort: est-ce la vie?

| **Sujet traité:** | Incertitude et questionnement face à la mort. |
|---|---|
| **Situation désirée:** | Donner un sens à la mort. Aider les individus à cheminer vers l'acceptation de la mort. Alléger la douleur face à l'épreuve de la mort. Encourager les gens à franchir le seuil de la mort. |

Quatre minuscules spermatozoïdes se promenaient tout énervés et inquiets dans un endroit vague et inconnu. Ils se posaient beaucoup de questions sur ce que leur réservait l'avenir.

Mais voilà que soudain ils se sentirent irrésistiblement attirés vers un tunnel secret; au bout de ce passage, il y avait la lumière et la liberté. Les quatre camarades se retrouvèrent dans un endroit sympathique et chaud. Ils réalisèrent alors qu'ils avaient subi une magnifique transformation. Deux filles et deux garçons habitaient maintenant ce nouveau monde.

Puis les jours passèrent et chacun s'amusait bien et était heureux d'être là.

Ils n'avaient pas à se préoccuper de leur nourriture car un mystérieux tube leur apportait tout ce dont ils avaient besoin.

À mesure qu'ils vieillissaient, ils se sentaient de plus en plus familiers les uns avec les autres, si bien qu'après un mois, ils organisèrent une fête pour célébrer leur premier anniversaire de naissance.

Plus le temps passait, plus les anniversaires se succédaient et plus ils vieillissaient...

Il y avait bientôt huit mois qu'ils étaient là lorsqu'un soir, l'un d'entre eux décida d'aller faire de l'exploration. Il croisa soudain un tunnel vers lequel il se sentit irrésistiblement attiré et au bout duquel il y avait une lumière extraordinaire; à mi-chemin notre ami ne put cependant se décider à laisser tomber son monde douillet et familier et il décida de retourner vers ses copains.

«Nous ne pouvons rester ici très longtemps, dit-il aux autres à son retour, je crois que maintenant nous sommes assez vieux et que bientôt nous allons devoir quitter ce monde.» «Nous avons peur de partir, dirent-ils tous ensemble, nous ne savons pas ce qui va nous arriver, nous sommes très anxieux et inquiets.»

«Est-ce que je vais revoir les autres?» demanda l'un. «Est-ce que je vais garder mon corps?» dit l'autre. «Va-t-on être heureux?» questionna une troisième. «Y aura-t-il des gens pour s'occuper de nous?» reprit le premier. Et les questions fusaient de toutes parts.

«J'ai une vague idée de ce qui nous attend, dit notre aventurier. Après avoir passé dans une sorte de tunnel rempli d'allégresse, il y a vraisemblablement une lumière intense et magnifique et peut-être y a-t-il là un autre monde...»

Le premier à être appelé fut un garçon, puis les deux filles lui succédèrent à un intervalle plus ou moins long et le dernier à quitter l'endroit fut notre explorateur.

On n'entendit plus parler d'eux mais on présume qu'ils furent agréablement surpris d'arriver dans cet autre univers...

# THÈME 2

# RELATIONS INTERPERSONNELLES

*«Les choses ne changent pas. Tu changes ta façon de regarder, c'est tout.»*

CASTANEDA

*«Ce ne sont pas tant les choses qui nous troublent que l'opinion que nous nous faisons d'elles.»*

ÉPICTÈTE, 1<sup>er</sup> siècle av. J.-C.

# L'aiglon royal

| **Sujet traité:** | Attitude surprotectrice d'une personne empêchant l'autre de «grandir». |
|---|---|
| **Situation désirée:** | Favoriser une plus grande prise en charge personnelle. Développer une meilleure estime de soi et une meilleure confiance en soi. Rendre l'individu autonome et le valoriser. Inciter un jeune ayant des amis peu recommandables à changer de cercle d'amis. |

Un fermier découvrit un jour un nid d'aigle abandonné contenant un œuf. Il l'apporta et le déposa avec les œufs qu'une poule couvait.

L'oiseau naquit donc au milieu des poules et apprit à agir comme une poule.

Le fermier s'occupait beaucoup de sa nouvelle «poule» et il faisait tout pour la protéger, la gâter et lui procurer immédiatement tout ce qu'elle demandait. L'aigle-poule était peu à peu devenu très dépendant du fermier qui ne s'apercevait pas du tort qu'il lui causait.

À un moment donné, l'aiglon vit dans le ciel un grand oiseau qui planait; il dit: «Un jour, je volerai comme cet oiseau.» Alors ses frères et sœurs se mirent à rire de lui. Tout honteux, il regretta d'avoir prononcé ces paroles et il continua à manger des grains dans l'enclos.

Or, une bonne fée vint à passer par là et elle aperçut l'aiglon royal qui végétait au milieu des poules. Elle s'adressa au fermier en ces termes: «Je crois que tu aimes beaucoup ton oiseau rare, mais je pense que tu ne lui rends pas service en le gardant dans cette condition. Tu penses trop à toi. Cet oiseau n'est pas heureux et lorsqu'il sera plus grand, il t'en voudra de ne pas lui avoir permis de développer ses qualités extraordinaires et son potentiel illimité.»

Le lendemain, après avoir réfléchi, notre fermier prit l'oiseau dans ses mains et il le lança dans les airs; l'aiglon eut à peine le temps d'ouvrir les ailes et atterrit misérablement sur le sol, sous les éclats de rire des poules.

Mais l'homme ne se découragea pas; il monta sur le toit de la grange et il dit à l'oiseau: «Tu es un aigle, vole!» Et il le lança dans les airs. Dans un réflexe spontané, ce dernier ouvrit les ailes, plana quelques instants au-dessus de la basse-cour et alla s'écraser au milieu des poules tout étonnées...

Alors le fermier gravit la montagne qui dominait sa ferme et lança l'aiglon dans le ciel. À coups d'ailes de plus en plus grands, l'aiglon s'envola joyeusement dans le ciel, de plus en plus sûr de lui.

Périodiquement, il revenait voir le fermier et ses amies les poules qui le considéraient désormais vraiment pour ce qu'il était fondamentalement[49].

# Le cheval à deux têtes

| | |
|---|---|
| **Sujet traité:** | Dépendance affective interpersonnelle (homme-femme, père-enfant, mère-enfant, etc.). |
| **Situation désirée:** | Favoriser l'autonomie des individus les uns envers les autres. Aider la mère à couper le «cordon ombilical». |

Jadis vivaient dans un pays tout vert, entouré de champs et de prés magnifiques, deux chevaux à l'allure fière et digne. Ces deux bêtes, un mâle et une femelle, étaient continuellement ensemble. Très tôt le matin on les retrouvait sautant et courant dans la verte campagne. Ils aimaient être ensemble et l'amitié qui les liait était très grande. Jamais ils ne se séparaient: ils mangeaient, jouaient et dormaient côte à côte.

Pour rien au monde ils n'accepteraient de se séparer.

Une nuit où ils dormaient collés l'un contre l'autre, ils firent un vœu: celui de ne jamais se séparer quoi qu'il advienne! Une fée entendit leur vœu et leur demanda:

«Que désirez-vous?

— D'être toujours ensemble», répondirent-ils sans hésiter.

Et aussitôt leur vœu se réalisa. La fée les transforma en un seul cheval, ni mâle ni femelle, mais avec deux magnifiques têtes. C'est donc avec joie qu'ils acceptèrent leur transformation. Dorénavant, ils n'auraient plus à se soucier de ce que l'autre penserait ou dirait, ils ne se quitteraient plus jamais.

Un jour cependant, le malheur arriva. Une tête commença à se sentir mal et à avoir de curieux malaises qui s'amplifièrent peu à peu. Alors l'autre tête commença à s'inquiéter: qu'allait-il lui arriver? Quels risques courait-elle d'avoir la même maladie?

Le dialogue s'établit donc entre les deux têtes et après avoir bien réfléchi, elles demandèrent à la fée de les retransformer et de redevenir comme avant.

Et leur vœu fut exaucé à nouveau.

Les deux bêtes retrouvèrent vite la santé et la gaieté mais elles avaient pris conscience que leur autonomie était fondamentale et qu'elles pouvaient tout aussi bien se reposer ou repartir à nouveau dans la vallée seules ou ensemble, tout en continuant de s'aimer.

# Le perroquet Rocco

| | |
|---|---|
| **Sujet traité:** | *Utilisation du mensonge et de la fabulation comme moyens d'attirer l'attention.* |
| **Situation désirée:** | *Développer le sens de l'honnêteté et de la franchise. Développer des attitudes positives au niveau de ses relations interpersonnelles.* |

Rocco, un gentil perroquet, habitait dans une ferme avec plusieurs autres animaux de la basse-cour.

Notre ami avait pris la fâcheuse habitude, depuis un certain temps, de raconter toutes sortes d'histoires pour attirer l'attention mais qui s'avéraient toujours fausses.

On raconte même qu'une fois, il réussit à faire croire à son ami le chat qu'il devait aller au village rencontrer ses parents qu'il n'avait pas vus depuis très longtemps. Quand le chat arriva sur les lieux, il constata avec désarroi que ce n'était qu'une autre mauvaise plaisanterie inventée par Rocco.

À partir de ce moment-là, le perroquet perdit l'estime et la confiance de ses amis et plus personne ne voulut jouer avec lui.

Or, par un bel après-midi ensoleillé, alors que le propriétaire de la ferme était absent, les animaux décidèrent de partir en excursion sans le perroquet. Rocco était seul à la ferme quand tout à coup, il constata un début d'incendie. Vite, il s'envola pour avertir ses amis de la tragédie qui les menaçait, mais ils l'ignorèrent.

Désespéré, le perroquet essaya de leur faire comprendre la gravité de la situation mais sans plus de résultat.

Heureusement, l'aigle veillait sur ses amis et il

arriva à toute vitesse pour confirmer les dires de Rocco.

Aussitôt, les animaux retournèrent rapidement à la ferme et réussirent à éteindre le feu à temps.

Notre ami le perroquet, qui se sentait malheureux d'avoir perdu la crédibilité de ses amis, comprit alors que tout ce qui lui arrivait était de sa propre faute.

Rocco résolut alors de toujours dire la vérité à l'avenir, quoi qu'il advienne, et peu à peu il réussit à regagner la confiance de tous ses amis.

# Le petit agneau

| | |
|---|---|
| **Sujet traité:** | *Difficulté à se responsabiliser face à différentes tâches.* *Difficulté à s'intégrer aux autres.* |
| **Situation désirée:** | *Favoriser la prise en charge personnelle et l'autonomie.* *Accepter de «grandir».* *Faciliter l'intégration sociale.* *Encourager l'affirmation de soi.* |

Il était une fois un petit agneau qui vivait heureux avec ses parents. Il pouvait gambader et brouter l'herbe près de chez lui, mais il ne devait pas trop s'éloigner de la bergerie.

Les années passaient et il désirait avoir plus de liberté. Comme son grand frère, il se sentait capable de faire des commissions pour ses parents. Il voulait aussi s'amuser, avoir des amis de son âge et commencer sa vie de jeune bélier.

Un jour que son grand frère était absent, sa mère lui demanda d'aller porter du fromage à la bergerie voisine. Le jeune agneau était très heureux qu'on lui confie cette tâche nouvelle. Il partit donc vers la bergerie voisine mais pour s'y rendre, il devait passer dans un pré où habitaient dame Louve et ses cinq louveteaux.

Aussitôt qu'il aperçut les louveteaux, il pensa retourner chez lui. Mais en regardant autour de lui, il vit un vieux bélier qui était le sage du pays. Celui-ci lui dit alors: «Ne crains rien! Ces jeunes loups font beaucoup de bruit, mais ils ne te dévoreront pas. Ils sont différents de toi mais en réalité ils aiment bien s'amuser en faisant semblant d'être méchants, en essayant de faire peur, en se taquinant et en se bataillant. Même si tu ne les connais pas, il est toujours intéressant et agréable de se faire de nouveaux amis. Tu peux apprendre à les connaître et eux aussi te connaîtront.» Le sage lui mit la main sur la tête et il se sentit transformé. Le petit agneau était devenu un jeune bélier.

Alors le jeune bélier continua son chemin d'un pas décidé. Quand les louveteaux l'aperçurent, ils s'arrêtèrent de jouer. Ils se rendirent compte de la transformation du petit agneau et eux aussi se sentirent transformés. Ils oublièrent de lui faire peur et même l'invitèrent à jouer avec eux. Le jeune bélier était très heureux d'avoir une telle invitation mais il n'avait pas oublié ce que sa mère lui avait demandé. Alors les jeunes loups lui offrirent de l'accompagner. Ils partirent donc en s'amusant et le jeune bélier leur fit découvrir de nouveaux jeux et les jeunes loups lui en apprirent aussi.

# Patte de velours

**Sujet traité:** *Mauvaise habitude de toujours rejeter la faute sur les autres.*

**Situation désirée:** *Inviter quelqu'un à reconnaître ses torts.*

Il était une fois un petit lapin nommé Patte de velours qui avait un léger problème lorsqu'il courait. Ainsi, à chaque saut qu'il faisait, il sautait un peu plus haut que les autres.

Jusqu'à l'âge de six mois, il se croyait comme les autres et même un peu plus fort. Bientôt, certains lapereaux, un peu jaloux à cause de l'attention que les adultes lui portaient, se mirent à le taquiner. Rien de bien méchant, mais à la longue, c'était devenu agaçant...

Irrité par la situation, notre ami Patte de velours ne passait maintenant pas une journée sans une prise de becs avec l'un ou l'autre de ses copains et le tout se terminait habituellement par une bousculade. De plus, il avait toujours l'impression que c'étaient les autres qui commençaient les querelles et lorsque maître Lapin le grondait, il répliquait en disant que ce n'était pas de sa faute.

Un jour, lors d'une mésaventure avec un compagnon, l'un de ses amis le filma et Patte de velours réalisa, en visionnant la cassette, qu'il était responsable autant que l'autre de la dispute.

À partir de ce jour, il changea son attitude envers les autres et il se fit beaucoup d'amis. Tous le trouvaient champion parce qu'il courait un peu plus vite que les autres mais surtout parce qu'il savait maintenant admettre ses torts.

# Le mystère de Rouquine

| | |
|---|---|
| **Sujet traité:** | Tendance à être influencé par des comportements extérieurs négatifs.<br>Faible prise de conscience de ses ressources intérieures. |
| **Situation désirée:** | Accroître la confiance en soi.<br>Favoriser l'expression de soi.<br>Apprivoiser la solitude.<br>Prendre conscience du fait que chacun est le propre artisan de son bonheur.<br>Aider à assimiler les techniques de la P.N.L. |

Il était une fois une magnifique petite chatte angora qui s'appelait Rouquine. Elle vivait dans une belle petite maison. Pourtant elle n'était pas tout à fait heureuse, car les choses ne se passaient pas toujours comme elle le souhaitait à la maison.

Dans sa famille il y avait souvent de la chicane et toutes sortes de choses désagréables. Parfois, son grand frère l'agaçait et la taquinait beaucoup trop; d'autres fois, c'était sa mère qui criait ou encore lui défendait d'agir selon ses goûts. En somme, à la maison, Rouquine avait rarement la paix souhaitée et elle se sentait souvent bien seule avec ses problèmes.

Les amis d'école trouvaient que Rouquine souriait très peu. Parfois elle leur paraissait très fatiguée, tellement elle bâillait en classe. Et bien chanceux les amis qui pouvaient lui parler, car Rouquine était peu bavarde. Elle disait rarement ce qu'elle pensait.

Un jour, Rouquine arrive en classe toute différente. Quel changement! C'était à peine croyable! Curieusement, depuis ce jour, Rouquine sourit tout le temps;

elle est pleine d'énergie au travail et les amis se bousculent autour d'elle pour tout entendre ce qu'elle a à dire, tellement elle parle. Elle a tant de choses à dire ou à raconter! Que s'est-il passé? Pourquoi ce changement de comportement? Mystère! seule Rouquine le sait vraiment.

Certains racontent que Rouquine voit les choses autrement parce qu'une bonne fée lui aurait donné plein de courage pour affronter les difficultés. D'autres disent qu'un magicien lui aurait donné le don de changer sa vision des choses, car Rouquine possède maintenant un bouton magique dont elle peut se servir n'importe quand et aussi souvent qu'elle le désire.

J'ai entendu dire que ce bouton magique était tout simplement placé sur le lobe de son oreille droite. Rouquine ne peut le voir. Mais le bouton magique y est vraiment, car Rouquine n'a qu'à frotter son lobe d'oreille droit et aussitôt le bouton magique accomplit des merveilles.

Et quelles merveilles! Le grand frère est tannant? La mère est impatiente? Le papa est en colère? Peu importe ce qui arrive, Rouquine a son bouton magique et elle s'en sert. Et elle l'utilise aussi souvent qu'elle en a besoin. Et chaque fois que Rouquine se sert de son bouton magique, elle se sent bien et ça va mieux. Voilà! C'est ainsi que continue le mystère de Rouquine. Elle utilise son bouton magique et chaque fois, ça va mieux dans son cœur.

Et malgré toutes les difficultés qu'elle rencontre, Rouquine sourit et elle a toujours plein de choses à raconter à ses amis.

# Nouga

| | |
|---|---|
| **Sujet traité:** | *Mauvaise habitude qu'ont certains individus d'exploiter la(les) faiblesse(s) des autres.* |
| **Situation désirée:** | *Inciter les gens à réfléchir avant d'agir. Développer le respect envers ses semblables.* |

Nouga, un ours sage et réfléchi, vit en pleine forêt, heureux et serein. Il est bien dans sa peau. C'est un ours ouvert autant aux autres qu'aux idées nouvelles. Le miel est son aliment préféré.

Un jour qu'il se repose, son ami, l'ours aventurier, lui dit qu'il y a du miel en abondance près des champs cultivés; il ajoute n'avoir jamais goûté de miel aussi doux.

Mais Nouga hésite, s'interroge, questionne, analyse les dangers et les risques.

Malgré tout, le lendemain, il tente une approche; il se dirige d'un pas ferme vers les limites de la forêt puis il s'arrête; il observe... Aucun ennemi ne semble être présent. Par contre, une bonne odeur de miel vient lui chatouiller les narines... Sa réserve habituelle lui conseille d'attendre. Il s'éloigne doucement, la tête basse, plongé dans son hésitation.

Tout à coup, une abeille bourdonne à son oreille. Agacé, il relève la tête et aperçoit un tronc d'arbre seul en plein champ qui projette des reflets dorés. Son appétit prend le dessus sur son hésitation. Il s'engage d'un pas décidé vers l'objet de sa convoitise; il est sûr de lui et il se régale.

Hélas! toute une bande d'abeilles lui tombe dessus et il ne sait plus où donner de la tête.

Alors, la reine des abeilles s'approche et demande à ses amies de s'éloigner.

Elle questionne alors Nouga pour savoir s'il est fier de lui: «Les abeilles, dit-elle, ont butiné très longtemps pour produire ce miel merveilleux que tu peux éliminer en quelques secondes.»

Nouga, qui est désolé, s'excuse et demande ce qu'il peut faire pour réparer le tort causé. «Tu n'as qu'à faire le message aux autres», dit la reine des abeilles.

Et c'est ce que fait notre ami Nouga, devenu maintenant l'allié des abeilles.

# Fiéro le magnifique

| | |
|---|---|
| **Sujet traité:** | *Perte d'estime de soi à la suite d'agressions et/ou d'abus sexuels (inceste, etc.).* |
| **Situation désirée:** | *Redonner confiance aux victimes. Encourager ces personnes à dévoiler leur «secret». Retrouver l'estime de soi.* |

Tout jeune paon, j'ai toujours vu oncle Cachou se promener sur notre territoire comme s'il était chez lui. Il connaissait mes parents depuis fort longtemps et ces derniers avaient pleine et entière confiance en lui. Il habitait tout près de chez nous. Il était donc naturel que ce soit lui qui me surveille et assure ma protection lorsque mon père et ma mère devaient s'absenter.

Oncle Cachou était un paon que tous admiraient et vénéraient et jamais sa parole n'était mise en doute.

Au début, je m'entendais bien avec lui et ensemble nous nous amusions beaucoup. Il m'amenait sur le bord de la rivière et nous sautions dans l'eau. Parfois, il faisait la roue avec sa queue extraordinaire et elle éclatait de mille feux sous les rayons du soleil. Il aimait bien aussi que je place la mienne en éventail; il disait qu'il trouvait mon plumage admirable.

Comme j'avais pleine confiance en lui, il était normal que je lui fasse plaisir en acceptant de faire les petits câlins qu'il me demandait. Il disait que ce que nous faisions ensemble devait être notre secret et que je ne devais en parler à personne.

Puis les sollicitations se sont faites de plus en plus pressantes et aussitôt que je me retrouvais seul avec lui, il me demandait d'échanger différentes caresses avec lesquelles je ne me sentais pas du tout à l'aise. Il me disait que si je racontais quoi que ce soit à quelqu'un, je le regretterais beaucoup car un malheur terrible pouvait se produire.

J'avais bien trop peur et je me sentais trop coupable pour en parler à qui que ce soit.

Par la suite, chaque fois que je refusais de me plier à ses exigences, il m'obligeait à le faire en arrachant des plumes au bout de ma queue. Ça me faisait très mal mais personne ne s'en apercevait car je n'osais plus mettre ma queue en éventail.

Je ne me risquais pas non plus à en parler à mes parents parce que je pensais qu'ils ne me croiraient jamais.

J'avais honte de moi et je me sentais sale. Lorsque je me promenais dans la forêt, j'avais l'impression que tous les animaux me regardaient avec un air accusateur.

J'étais très triste dans mon cœur et lorsque mon père me demandait ce qui n'allait pas, je lui répondais que tout fonctionnait très bien. J'avais beaucoup de misère à m'endormir le soir et souvent je ne me sentais pas bien.

De plus, mes amis me fuyaient car je n'étais pas toujours gentil avec eux. J'étais très découragé et je ne savais plus quoi faire.

Un jour, alors que je pleurais silencieusement au pied d'un immense sapin, je fus très étonné d'apercevoir à mes côtés la petite colombe Lumina que tous appréciaient pour sa sagesse. Elle s'adressa à moi en ces termes:

«Tu sembles avoir beaucoup de peine», dit-elle simplement.

Désespéré, j'éclatai alors en sanglots et je finis par raconter à Lumina les détails du drame que je vivais.

«Ça me fait beaucoup de peine ce qui t'arrive, dit Lumina, mais ce n'est pas de ta faute. Le seul responsable, dans toute cette histoire, c'est Cachou. Tu as bien fait de m'en parler et je t'admire car il faut beaucoup de courage pour le faire. Maintenant, je vais faire quelque chose pour t'aider et te protéger. Reste ici, dit-elle, tu es en sécurité; plus tard, je reviendrai te chercher.»

Et elle s'envola dans le ciel...

Je sus par la suite qu'elle alla raconter toute l'histoire à mes parents. Pas besoin de vous dire que mon père entra dans une colère terrible et qu'oncle Cachou fut à tout jamais chassé du territoire familial. D'ailleurs, je ne le revis jamais plus, mais j'ai entendu dire qu'il fut sévèrement puni pour ses agissements.

Ce fut avec mon papa et ma maman que la colombe revint me chercher et en lisant toute la compassion dans leurs yeux, je sus immédiatement qu'ils ne m'en voulaient pas. Ils me répétèrent à peu près les mêmes choses que m'avait dites Lumina et ils me serrèrent très fort...

Mais le cauchemar n'était pas fini pour autant. Souvent je me sentais mal et j'étais triste. Heureusement, mes parents m'encourageaient et Lumina était très gentille avec moi. Plusieurs fois, par la suite, je lui reparlai de ce que je vivais et elle me donnait toutes sortes de conseils bien utiles.

Je repris de plus en plus d'assurance et regagnai peu à peu la confiance de mes amis. Les plumes de ma queue repoussèrent lentement et mon plumage redevint soyeux.

Ma joie de vivre, que je croyais disparue, recommença à se faire sentir et j'appris à vivre avec cette blessure intérieure qui s'atténua peu à peu.

Je crois que ce qui m'est arrivé m'a aidé finalement à «grandir» en dedans de moi.

L'année suivante, à la suite de la parade tradition-nelle des paons, on me surnomma Fiéro le magnifique pour l'éclat du plumage de ma queue.

# La mine égarée

| | |
|---|---|
| **Sujet traité:** | *Tendance à sous-estimer les capacités de certains individus.* |
| **Situation désirée:** | *Stimuler la confiance en soi, l'estime de soi. Valoriser le rôle de chacun dans la société.* |

On raconte qu'il y avait un jour un bateau de guerre ancré dans le port de Pearl Harbor à Hawaii. Deux mille hommes travaillaient à bord de ce navire.

Tout à coup, la vigie repéra une mine isolée à quelques dizaines de mètres du bateau. Le courant et les vagues la dirigeaient inévitablement vers celui-ci.

Ce fut la panique à bord et on sonna le rassemblement général.

Pas question de lever l'ancre car la mine serait rendue à proximité bien avant et le déplacement d'eau causé par les moteurs risquerait de la rapprocher encore plus vite. Pas question de la faire sauter avec un fusil, car étant donné sa situation, elle ferait sauter le bateau avec elle. Pas question non plus de l'attraper avec une corde à l'aide d'un petit bateau, car au contact de la corde, elle exploserait.

Que faire?

Plus le temps passait, plus la mine se rapprochait.

Le commandant et ses officiers ne trouvaient pas de solution. Les quartiers-maîtres et les sous-lieutenants n'en trouvaient pas davantage.

Finalement, on exposa le problème à l'équipage au complet et c'est le mousse que tout le monde ignorait qui trouva la solution.

«Vous n'avez qu'à démarrer les pompes des tuyaux

d'arrosage, dit-il. Vous dirigerez ensuite les jets d'eau entre le bateau et la mine; le reflux de l'eau fera éloigner lentement la mine et vous pourrez la faire exploser par la suite.»

On appliqua immédiatement cette tactique et le bateau ainsi que son équipage furent sauvés.

Le mousse reçut par la suite une médaille d'honneur, une promotion et surtout la considération de tous les autres membres du personnel du navire.

Il était très fier de lui[50].

# Snifi

**Sujet traité:** *Gestes disgracieux posés en public.*

**Situation désirée:** *Aider les jeunes et les moins jeunes à cesser différentes mauvaises habitudes: enfants qui sucent leur pouce ou qui se jouent dans le nez ou la bouche avec leurs doigts, personnes qui se rongent les ongles, etc.*

Il y avait un jour un magnifique petit singe qui se faisait appeler Snifi. Il avait toujours habité dans un endroit plein de verdure où tous les animaux semblaient vivre en liberté. Comme il n'avait pas connu d'autre environnement depuis son enfance, il acceptait assez bien d'être dans ce jardin zoologique.

Plusieurs personnes veillaient sur lui: il était bien nourri, bien logé et il ne manquait de rien; il n'avait qu'à se laisser dorloter.

De plus, beaucoup de gens venaient chaque jour le visiter et l'admirer. Il aimait cela; il se sentait important. Il avait également beaucoup d'amis car il était super gentil avec tout le monde.

Un jour cependant, sans qu'il ne sache trop pourquoi, ses copains et ses amis commencèrent à le délaisser. Souvent, ils le fuyaient et le laissaient tout seul. Même les visiteurs ne lui donnaient plus d'arachides, lui qui auparavant était leur préféré. Il était devenu triste et malheureux.

À un moment donné, il se retrouva seul sur le bord de l'étang, ne sachant vers qui se tourner pour régler son problème.

Soudain, un majestueux cygne tout blanc glissa gracieusement sur l'eau dans sa direction.

171

«J'ai observé le comportement des autres à ton égard, dit-il à Snifi; as-tu besoin d'aide?

— Oh oui! dit Snifi, je serais très content que tu puisses m'aider.

— Je crois que celui qui peut le plus t'aider, dit le cygne, c'est toi-même.

— Qu'est-ce que tu veux dire? demanda Snifi.

— Eh bien! dit le cygne, j'ai vu que souvent tu suces ton pouce, tu portes tes doigts dans ton nez ou dans ta bouche, tu te ronges les ongles et même que parfois, tu te grattes les parties intimes de ton corps. Les autres trouvent sans doute que cela n'est pas très élégant ni hygiénique et peut-être même trouvent-ils cela un peu dégoûtant. Tu sais, la propreté est une grande qualité. Toutes ces choses, tu peux les faire, si tu en as vraiment envie, dans une pièce où tu es seul avec toi-même mais le fait de t'en abstenir en public est une marque de respect envers les autres.»

Après ces réflexions, le grand cygne fit un clin d'œil à Snifi et il repartit sur l'eau.

À la suite de cette étonnante rencontre, Snifi prit conscience de ses mauvaises habitudes et il prit la résolution de les changer progressivement.

Quelque temps après, il avait réglé tous ses problèmes et retrouvé l'admiration de ses amis et de tous les visiteurs.

# Le joueur du National

**Sujet traité:** Difficulté des jeunes et des moins jeunes à observer les règles établies.
Difficulté à fournir son effort dans un travail d'équipe.

**Situation désirée:** Favoriser l'observation des consignes en classe, à la maison, dans les sports, etc.
Privilégier l'engagement et la responsabilisation de chacun dans toute tâche nécessitant plusieurs personnes.
Développer la solidarité.
Faciliter une meilleure discipline en classe et à la maison.
Encourager la participation dans un travail d'équipe.

Nous en étions rendus à la mi-saison de hockey.

Au début de l'année, l'équipe performait assez bien mais la situation se détériora de plus en plus. L'esprit d'équipe qui, au début, était si fort semblait s'effriter peu à peu.

Luigi, couronné joueur étoile de la saison précédente, se sentait cette année plus ou moins concerné par le succès des siens. Il était souvent violent avec les joueurs des équipes adverses et parfois même avec ceux de sa propre équipe. Au cours des entraînements, il n'écoutait pas les consignes du capitaine et lors des matchs, il faisait à sa tête, allant même jusqu'à insulter les spectateurs qui le huaient.

De plus, il ne respectait même pas les décisions des arbitres et les réprimandes de l'entraîneur ne faisaient qu'envenimer la situation.

Ses amis ne lui faisaient plus confiance et se tenaient loin de lui.

Luigi était malheureux de la situation mais il ne savait plus que faire.

Un soir, alors qu'il était allé prendre un verre pour

173

se relaxer un peu, il se retrouva aux côtés de son idole, le très grand Maurice Richard. Il n'en croyait pas ses yeux mais il dut bien se rendre à l'évidence et il engagea la conversation. Il le trouva très sympathique et son admiration envers lui s'accrut. Sans détour, Luigi lui expliqua la situation qu'il vivait et lui demanda des conseils.

Le célèbre Maurice réfléchit longuement avant de répondre: «Tu sais, mon ami, je vois bien que tu as de la bonne volonté et je t'en félicite. Lorsqu'on fait partie d'une équipe de hockey, on doit se tenir les coudes. Il suffit d'un seul élément négatif pour que tout le monde écope. Si tu gagnes, c'est toute l'équipe qui gagne; mais au contraire, si tu perds, c'est toute l'équipe qui perd. C'est comme une chaîne: elle a la force de son chaînon le plus faible. Tu as donc des responsabilités envers tes coéquipiers et c'est à toi d'agir en conséquence.»

Dans les semaines qui suivirent, Luigi se reprit en main et c'est finalement l'équipe du National qui remporta la coupe Stanley.

Quant à notre ami, il gagna le trophée du joueur le plus utile à son club pendant les séries éliminatoires.

# La ruche

| | |
|---|---|
| **Sujet traité:** | *Difficulté à respecter les consignes pour le bon fonctionnement d'un groupe.* |
| **Situation désirée:** | *Améliorer le climat d'une classe, d'une famille ou d'un groupe particulier. Favoriser une meilleure discipline à l'intérieur d'une collectivité. Stimuler la responsabilisation et la prise en charge de chacun.* |

Il y avait un jour, dans une ruche d'abeilles, une reine très déçue de la qualité du miel produit par ses sujets.

Quelque temps auparavant, leur miel était de qualité supérieure, mais maintenant, les choses avaient changé: les abeilles étaient devenues distraites, elles butinaient sur des trèfles de mauvaise qualité, elles bourdonnaient sans cesse et parfois même, elles se chamaillaient entre elles.

La situation s'envenimait graduellement et rien ne changeait, malgré toutes les recommandations de la reine.

Un jour, alors que toutes les abeilles étaient rentrées pour dormir, il se produisit un phénomène inexplicable qui fit basculer la ruche et démolit toute l'organisation des abeilles. Elles se ruèrent tant bien que mal vers l'extérieur et heureusement réussirent à s'en tirer. Très inquiètes, les abeilles se regroupèrent alors autour de la reine qui n'y comprenait rien.

Le lendemain, la reine fit venir le prince des grands bourdons pour examiner la situation. Après analyse, il en vint à la conclusion que la cause de la catastrophe était attribuable aux abeilles elles-mêmes: comme elles portaient peu d'attention à leur travail, elles avaient fini par emmagasiner tout le miel du même côté de la ruche, ce qui finalement l'avait fait basculer.

Le grand bourdon réunit alors les abeilles pour dévoiler ses conclusions et expliquer le malheur qui les affligeait. Ces dernières furent très étonnées.

Acculées au pied du mur, les abeilles décidèrent de tout recommencer mais cette fois, en y mettant tous les efforts nécessaires car la reine était hésitante à les superviser. Elles lui promirent que tout allait changer et qu'elle serait très satisfaite de leur conduite et de leur travail.

Très rapidement, les abeilles se reprirent en main; l'atmosphère de la ruche changea du tout au tout et elles furent très fières d'elles-mêmes.

Au festival du miel qui eut lieu le printemps suivant, elles remportèrent la médaille d'or du grand jury.

# Lapinot

| | |
|---|---|
| **Sujet traité:** | Non-respect des consignes à l'intérieur d'un groupe. |
| **Situation désirée:** | Favoriser une meilleure discipline en classe et/ou à la maison. Inciter au respect de l'entourage. |

Lapinot est un petit lapin toujours distrait qui dérange en classe et qui parle toujours à la place des autres. À l'école, il arrache la crinière du lion, donne des tapes à la girafe et tire la queue du singe.

Dans sa classe, il y a un ours et un chameau qui le trouvent drôle et qui font comme lui, mais tous les autres animaux le trouvent tannant et n'aiment pas jouer avec lui.

Un jour, Lapinot veut jouer avec la girafe mais elle lui dit: «Non, je ne veux pas jouer avec toi parce que tu me tapes toujours et tu me déranges quand je travaille. Je jouerai avec toi quand tu le mériteras.» Lapinot dit à la girafe: «Ça ne me fait rien que tu ne joues pas avec moi.» Cependant, dans son cœur, Lapinot est triste et offensé. Il aime bien la girafe et il voudrait bien qu'elle s'occupe de lui. Lapinot réfléchit et se dit: «Je suis tanné de me sentir toujours triste parce que tout le monde se sauve de moi. Je veux avoir beaucoup d'amis et me sentir joyeux et heureux.»

Que pourrait faire Lapinot pour mériter la confiance et l'amour de la belle girafe?

# Tourner autour du pot

| | |
|---|---|
| **Sujet traité:** | Manque de solidarité à l'intérieur d'un groupe. |
| **Situation désirée:** | Responsabilisation de chacun au niveau d'un groupe. Stimuler la participation dans un travail d'équipe. Favoriser une meilleure discipline en classe ou dans une équipe sportive. |

## ALLÉGORIE VISUELLE-PARTICIPATIVE

**Matériel requis:**
Un verre opaque
Un pot transparent en vitre
Une bonne quantité d'eau

**Participants:** L'activité peut se faire en groupe plus ou moins restreint.

**Consigne verbale:** Chaque individu devra remplir un verre d'eau et le vider dans le pot.

## Déroulement de l'activité:

À tour de rôle, chacun des participants verse son verre d'eau dans le même pot.

L'animateur s'assure que tous, sans exception, participent activement.

À la fin de l'activité, l'animateur pose la question:
«Est-ce que chaque individu ici présent a participé en vidant son verre d'eau?»

Les membres du groupe se rendent alors compte que l'animateur n'a pas fourni sa part.

Alors l'animateur, ayant préparé auparavant un verre d'eau brouillée (avec de la boue ou par un procédé quelconque) verse son verre d'eau souillée dans le pot où les autres participants ont versé de l'eau pure et claire.

**Retour sur l'activité:**
Il est facile de comprendre, à ce moment, les réactions diverses des membres du groupe.

Par la suite, sous forme d'échange, l'animateur fait prendre conscience aux participants qu'il suffit souvent d'un seul élément négatif pour briser l'atmosphère de tout un groupe.

# Se taire
# pour mieux parler

**Sujet traité:** Inefficacité de fonctionnement de différentes réunions.

**Situation désirée:** Aider les gens à perdre moins de temps dans diverses assemblées.
Inciter les participants et les animateurs à rentabiliser leurs séances de travail.

On raconte qu'un conflit mondial a failli éclater il y a quelques mois parce que les réunions du Conseil de sécurité des Nations unies (O.N.U.) sont devenues tellement longues qu'on n'a pas eu le temps, au cours de l'une d'entre elles, de discuter d'un point crucial pour l'équilibre de la planète.

Depuis un certain temps, ces réunions s'alourdissaient de plus en plus et on réussissait de moins en moins à passer à travers l'ordre du jour. Plusieurs représentants de différents pays en sortaient d'ailleurs aigris et désabusés par toute cette perte de temps où certains s'écoutaient parler.

On décida alors de faire appel au plus grand monarque du plus petit État, celui dont la crédibilité était indiscutable et qui était estimé et respecté de tous: le souverain du Vatican.

Pour éviter d'autres conflits éventuels, le grand homme accepta de se déplacer pour observer quelques réunions du Conseil de sécurité et peu de temps après, il déposa ses conclusions.

«D'abord, dit-il, je vous félicite car vous êtes tous des gens pleins de bonne volonté, mais plusieurs parlent pour ne rien dire. Certains ne font que répéter en d'autres mots les propos des interlocuteurs précédents; on dirait qu'ils se sentent obligés de parler, ne serait-ce que pour satisfaire leur ego. D'autres, enfin, n'écoutent pas lorsque leurs confrères exposent leurs arguments; par la suite, ils posent différentes questions d'éclaircissement, ce qui a pour conséquence d'allonger les rencontres et de faire perdre du temps inutilement. Soulignons, en terminant, que le rôle de l'animateur est primordial car ce dernier n'est pas là pour émettre son opinion, mais bien pour leur servir de guide afin de voir au bon déroulement de l'assemblée délibérante.»

À la suite de cette intervention assez particulière, chaque participant s'efforça de prendre en considération les propos du sage personnage.

Le climat s'améliora de plus en plus aux réunions subséquentes et chacun se sentit davantage à l'aise d'y participer même s'il ne prenait pas la parole à chaque rencontre.

Tous avaient compris que lorsqu'on occupe un poste de cette envergure, il est souvent beaucoup plus important d'écouter que de parler.

# Tango et Mélodie

| | |
|---|---|
| **Sujet traité:** | *Communication inadéquate à l'intérieur du couple ou dans toute autre relation.* |
| **Situation désirée:** | *Aider les visuels et les auditifs à modifier leurs agissements pour mieux se comprendre. Soutenir certains couples en difficulté.* |

Mélodie et Tango sont deux marionnettes géantes qui vivent dans le royaume enchanté de Cupidon.

Dès qu'ils se sont rencontrés, Tango et Mélodie sont tombés amoureux l'un de l'autre. Le roi leur a alors aménagé des appartements particuliers dans une aile de son château et ils ont vécu le parfait bonheur pendant un certain temps.

Mais voilà que l'harmonie, qui au début paraissait si solide entre les deux amoureux, s'effrita peu à peu.

Sans trop qu'ils s'en rendent compte, l'amour qui les unissait semblait s'affaiblir ou se transformer graduellement car leurs attentes mutuelles ne semblaient plus être comblées.

Un jour qu'ils se promenaient, la tristesse au cœur, dans le sentier tortueux des mille et un secrets, ils arrivèrent dans une clairière au milieu de laquelle il y avait un étang tranquille et mystérieux. Tango et Mélodie s'approchèrent de l'étang et se regardèrent dans ce dernier comme dans un miroir et ils furent stupéfaits de voir l'image que l'étang leur reflétait: Tango voyait un œil géant et Mélodie, une oreille géante.

Ils n'y comprenaient rien jusqu'à ce qu'une sirène sorte doucement de l'étang et leur souhaite la bienvenue. Une discussion très fructueuse s'ensuivit, au cours de laquelle Tango réalisa que Mélodie était plutôt de type auditif, c'est-à-dire qu'elle préférait entendre les messages. Comme elle exprimait souvent en mots les sentiments qu'elle avait pour Tango, elle s'attendait en retour à ce que ce dernier en fasse autant et lui dise des «je t'aime», «je t'apprécie», «je te trouve gentille», etc.

Mais Tango, qui était plutôt de type visuel, pensait qu'il n'était pas nécessaire de lui dire toutes ces choses. À son avis, il montrait à Mélodie qu'il l'aimait en étant gentil avec elle, en étant toujours propre et bien mis, en lui rendant des services et en étant attentif aux moindres détails extérieurs. Il s'attendait par contre à ce que Mélodie en fasse autant pour lui, c'est-à-dire qu'elle soit toujours propre, attirante, bien habillée et bien maquillée.

Alors la sirène plongea dans l'étang, laissant Mélodie et Tango à leurs réflexions, le visage rayonnant de sérénité car ils avaient trouvé la clef de l'énigme qui assombrissait leur bonheur.

À partir de ce moment-là, Tango s'efforça de transmettre verbalement à Mélodie ses émotions et ses sentiments et cette dernière fit un effort particulier pour plaire à l'œil de Tango.

Bientôt, on revit Mélodie et Tango se promener main dans la main et faire l'envie de tous ceux qui les côtoyaient car ils vivaient à nouveau le parfait bonheur.

# THÈME 3

## DYNAMIQUES FAMILIALES

*«Chaque personne, quelle que soit sa situation présente, peut changer rapidement et vivre sa part de bonheur.»*

ALAIN CAYROL

# Garou, le kangourou

| | |
|---|---|
| **Sujet traité:** | Dépendance affective malsaine de certains enfants envers leurs parents. |
| **Situation désirée:** | Aider l'enfant à couper des liens nuisibles. Vaincre ses peurs: dormir seul la nuit, dormir sans lumière, aller seul(e) au sous-sol, etc. |

Garou avait grandi très près de sa mère et ils s'aimaient beaucoup l'un l'autre.

Aussitôt qu'il revenait de l'école, Garou se jetait dans les bras de sa mère et s'introduisait lentement dans la poche toute chaude de cette dernière.

Mais voilà que maintenant il n'arrivait plus à pénétrer dans la poche et sa mère trouvait très fatigant d'être obligée de transporter un enfant de cette taille.

De plus les autres riaient en sourdine de le voir ainsi à demi-rentré dans le ventre de sa mère alors qu'une jambe et un bras dépassaient de l'ouverture.

Une nuit, dans un rêve, il réalisa soudain que son voisin, qui avait à peu près son âge, jouait et courait autour de la maison et que de temps en temps il venait voir sa mère pour lui donner un bec et qu'aussitôt il repartait au son d'un grand éclat de rire de cette dernière. Il semblait très heureux et sa mère aussi.

La nuit porte conseil, car notre ami Garou avait compris ce matin-là que le temps était maintenant venu de se prendre en main...

Par la suite, Garou acquit de plus en plus d'autonomie, au grand soulagement de sa mère et l'amour qu'ils avaient l'un pour l'autre continua de grandir.

# Popeye et Pistache

| | |
|---|---|
| **Sujet traité:** | *Projection de son idéal sur son enfant.* |
| **Situation désirée:** | *Apprendre à diminuer la pression sur son enfant. Valoriser les points forts de chaque individu. Respecter et encourager les goûts et les intérêts propres à chacun.* |

On raconte que Popeye était un jour bien embêté car le rendement général de son fils Pistache était plutôt médiocre.

Lui, le grand Popeye, il s'attendait à ce que son descendant performe d'une façon exemplaire, autant du côté scolaire que dans les sports. À cet effet, il lui avait fait suivre, depuis plusieurs années, des cours dans toutes sortes de disciplines sportives et il l'avait inscrit dans différentes équipes de hockey, de baseball, de ballon-panier, de ballon-volant, etc.

Mais son rejeton demeurait peu intéressé par toutes ces compétitions et il s'y rendait uniquement pour faire plaisir à son père. Il préférait plutôt lire en silence dans sa chambre, en grignotant quelques épinards, ou se réfugier à la bibliothèque du quartier.

Olive, de son côté, travaillait beaucoup avec Pistache dans ses devoirs; elle les faisait même parfois à sa place. Elle lui expliquait que l'école était très importante et «qu'il faut étudier si l'on veut réussir dans la vie» mais le fils se souciait peu de ses conseils. On lui avait même payé, pendant longtemps, les services d'un enseignant privé qui lui donnait des cours de rattrapage mais son rendement scolaire ne s'améliorait pas pour autant.

Plusieurs fois, ils avaient rencontré le professeur de

leur garçon mais sans résultat, car ils ne mettaient pas en pratique ses recommandations.

Et plus l'enfant vieillissait, plus la situation se détériorait.

Olive et Popeye ne savaient plus à quel saint se vouer et malgré ce que l'on peut penser, c'est Brutus qui, sans le savoir, apporta l'amorce de solution à leur problème. En effet, c'est au cours de l'un de leurs éternels conflits que Brutus, pour se moquer de Popeye, lui lança au visage que son garçon «avait tout dans la tête et rien dans les bras».

Il n'en fallait pas plus à Popeye pour qu'il se rende compte soudain que son fils était très intelligent. Il repensa alors à sa dernière rencontre avec son professeur, au cours de laquelle ce dernier lui disait que Pistache avait beaucoup d'amis, qu'il était un leader et qu'il était très bon en histoire, en géographie et dans les arts. «Vous voudriez qu'il soit selon vos aspirations, disait-il, mais il a son identité propre et ses champs d'intérêt. La pression que vous mettez sur lui est malsaine; laissez-le se développer à son rythme et vous serez surpris des résultats.»

Pendant le reste de l'année scolaire, Olive et Popeye décidèrent de faire confiance à leur garçon. Ils lui laissèrent plus d'autonomie dans le choix de ses activités et ils le supervisèrent dans ses travaux scolaires, tout en demeurant disponibles pour répondre à ses interrogations plutôt que de le talonner continuellement.

Avec le temps, il virent un garçon qui s'épanouissait de plus en plus, qui reprenait davantage confiance en lui et qui se préparait un avenir prometteur.

# Alex et Alain

**Sujet traité:** *Manipulation à l'arrivée d'un nouveau venu dans la famille (naissance, famille reconstituée, etc.).*

**Situation désirée:** *Pendre conscience que la rivalité fraternelle est une réaction naturelle.*
*Apprendre à s'affirmer et à devenir autonome par un meilleur contrôle de soi.*
*Accroître sa capacité d'adaptation.*

Depuis plusieurs années, tout allait pour le mieux dans le meilleur des mondes pour notre ami Alex, un esquimau qui vivait dans le Grand Nord du Canada.

Tout allait bien à l'école et ses parents s'occupaient beaucoup de lui: ils jouaient avec lui, l'emmenaient au restaurant et ils répondaient à toutes ses attentes.

Mais voilà qu'un jour, plus rien n'allait comme avant... surtout depuis l'arrivée de son frère Alain.

À partir de ce moment-là, toute sa vie avait changé sans qu'il sache pourquoi. Ses notes scolaires s'étaient mises à baisser et son comportement à l'école s'était tellement détérioré que ses professeurs et ses amis ne le reconnaissaient plus. Souvent même, il ne voulait plus aller à l'école.

À la maison, c'était la même chose; son comportement avec ses parents avait beaucoup changé de même que le comportement de ses parents envers lui. Il était devenu très agressif surtout envers son frère Alain qu'il détestait souvent sans savoir pourquoi.

Une nuit, il fit un rêve extraordinaire au cours duquel il rencontra son grand-papa chéri, décédé quelques années auparavant. Ce dernier lui raconta qu'il voyait du ciel les malheurs qui lui arrivaient et il le rassura en lui faisant comprendre que depuis l'arrivée d'Alain les choses avaient bien changé parce que maintenant ses parents, qui l'aimaient toujours autant, avaient moins de temps à lui consacrer. Quand il était seul, ses parents lui donnaient toute l'attention mais maintenant, c'était au tour d'Alain d'avoir besoin d'eux.

Lui, Alex, il avait «grandi» et il devait pouvoir faire beaucoup de choses seul.

Ce qui était important, c'est que l'amour de ses parents demeurait toujours très grand et qu'ils continuaient à s'occuper de lui d'une autre façon.

À son réveil, Alex avait compris bien des choses et son comportement à l'école et à la maison redevint peu à peu comme avant et son amour pour ses parents et son frère augmenta rapidement.

Ses parents, monsieur et madame Térieur, étaient fiers de leur famille et leurs deux fils Alain et Alex étaient très heureux.

# Grujot et Grognon

| | |
|---|---|
| **Sujet traité:** | Rivalité(s) fraternelle(s). |
| **Situation désirée:** | Amener chaque membre d'une famille à réaliser l'importance de la place qu'il occupe. Apprendre le sens et l'importance du partage et de l'entraide mutuelle. |

Un jour, une famille de castors avait établi sa demeure sur une rivière au cours tranquille.

Papa et maman castor s'occupaient du barrage principal tandis que Grujot, l'aîné, entretenait celui de droite et Grognon, celui de gauche.

Au début, tout allait bien et chacun travaillait consciencieusement à sa tâche quotidienne.

Mais, peu à peu, sans trop qu'il sache pourquoi, Grognon était devenu de plus en plus agressif envers son frère.

Il disait souvent que ses parents aimaient mieux Grujot, qu'ils s'occupaient plus de lui et qu'il avait les meilleures portions de nourriture. Il disait même que, lorsque venait le temps de partager le dernier morceau de racine pour le dessert, c'était toujours son frère qui avait la plus grosse portion.

Il affirmait aussi que le barrage de son frère était mieux situé que le sien, qu'il était plus près de celui de ses parents et qu'il occupait une position plus stratégique.

Trop préoccupé par toute l'attention que ses parents semblaient porter à son frère, Grognon délaissa peu à peu l'entretien de son barrage, croyant de plus en plus à l'inutilité de celui-ci.

Mais un jour, la crue des eaux se fit plus forte que

d'habitude et la digue de notre ami commença à céder. L'eau s'écoulant de plusieurs endroits menaçait de rompre le barrage.

Immédiatement, ses parents et son frère accoururent pour réparer les dégâts, mais l'urgence de la situation exigeait qu'on fasse appel à une aide extérieure.

Papa castor se rendit donc chez l'ami de la famille, un garde-chasse qui habitait tout près et qui avait appris le langage des castors.

À la suite des explications de ce dernier sur l'événement en cours et le comportement de son fils, le garde-chasse comprit qu'il fallait faire vite. Il se rendit donc rapidement sur les lieux et avec l'aide de toute la famille, il réussit à réparer le barrage avant qu'il ne cède complètement.

Par la suite, il invita Grognon à venir marcher dans le bois avec lui. Il lui fit part du désarroi de ses parents face à la situation et de leur ardent désir de voir son barrage reprendre sa place stratégique habituelle.

Grognon fut surpris d'entendre le garde-chasse lui dire que ses parents l'aimaient beaucoup et qu'ils étaient disposés à lui apporter tout le support nécessaire afin qu'il soit heureux et en sécurité.

Afin d'éviter des querelles sur le partage de la nourriture, le garde-chasse proposa par la suite aux deux frères qu'à l'avenir, à tour de rôle, l'un diviserait les portions et l'autre choisirait en premier celle qu'il désirait manger.

Les deux frères décidèrent également que désormais ils s'entraideraient dans l'entretien de leur barrage respectif.

À partir de ce moment-là, l'harmonie revint dans la famille car Grognon avait réalisé que son barrage, même s'il était différent de celui de son frère, était tout aussi important pour l'équilibre familial.

# Le chat Julot

| | |
|---|---|
| **Sujet traité:** | *Problématique d'un enfant (famille monoparentale) qui demande beaucoup mais ne s'engage pas.* |
| **Situation désirée:** | *Aider un enfant manipulateur à s'assumer. Supporter un jeune qui se sent coupable du divorce de ses parents. Soutenir un individu à la suite d'une perte importante.* |

Dans mon enfance vivait dans l'étable toute une famille de chats. Papa et maman et trois chatons. Tout allait bien. Les chatons s'amusaient pleinement. Les deux plus vieux chatons étaient différents de Julot le plus jeune. Celui-ci avait l'habitude de toujours réclamer un morceau de souris aux autres. Il voulait faire faire sa toilette par les autres. Il sentait bien que sa conduite ne convenait pas et parfois cela le rendait triste. Il se sentait même coupable.

Un jour, le papa chat fit une plus grande colère que d'habitude et il partit. Notre plus jeune chaton en fut très peiné. Il était très frustré de l'attitude de son père. Il était très en colère contre tout le monde: sa mère, son père et ses frères. Pour se venger, il augmenta ses demandes aux autres jusqu'à devenir fatigant. Il dérangeait sa mère dans son travail, ne suivait pas ses cours de chasse à la souris; même sa toilette laissait à désirer...

Un jour qu'il pleurait au pied d'un arbre, il entendit le sage hibou lui dire: «Tu as raison de pleurer sur tes déceptions. Tu es intelligent et je sais que tu es capable de corriger beaucoup de situations afin de diminuer ta peine. Commence par de petites choses: ramasser ton nid et écouter ton professeur de chasse car il donne d'excellents moyens de vaincre les déceptions. Plus tard, dans quelques semaines, tu te sentiras plus léger, plus grand, plus fort et plus heureux. Dans ta tête, tu verras les événements et les gens comme ils sont, avec quelques défauts mais surtout avec leurs grandes qualités. Tu t'apercevras que même s'ils ne sont plus ensemble tes parents t'aiment chacun à sa manière». Le sage hibou lui recommanda aussi de relever la tête, de voir les belles qualités qu'il possédait: sa gentillesse, son attention aux autres et sa générosité.

Julot arrêta de pleurer; sa première réaction fut de penser que le hibou n'avait qu'à se mêler de ses affaires. Mais un de ses amis lui avait dit que le sage hibou l'avait aidé un jour qu'il avait beaucoup de peine. L'ami de notre chaton lui avait assuré que, depuis ce temps, il se sentait beaucoup mieux.

Quelques jours plus tard, notre chaton s'aperçut qu'il était moins déçu et moins triste. Sa tête était plus droite. Il se sentait plus détendu, plus à l'aise. Il faisait son nid, partageait les petits travaux de la maison et il en était très fier. Il devint meilleur chasseur de jour en jour. Il était très content de lui. Sa mère, son père et ses frères étaient très fiers et très heureux de voir le petit Julot grandir d'une façon aussi responsable. Ils se dirent qu'un jour, Julot deviendrait un chat très important et très généreux envers tous.

# Haïda et son
# cerf-volant magique

| | |
|---|---|
| **Sujet traité:** | *Culpabilisation des enfants face à leurs parents en crise.* |
| **Situation désirée:** | *Aider les enfants à se déculpabiliser face à la séparation de leurs parents.* |

Depuis toujours, Haïda demeurait avec ses parents au pays des grands vents. Elle avait développé une passion particulière pour les cerfs-volants.

Un jour, sans qu'elle le réalise vraiment, son bonheur avait basculé dans la solitude et la tristesse. Ses parents ne s'entendaient plus très bien et elle croyait que c'était de sa faute.

À un moment donné, alors qu'elle avait renversé un verre de jus d'orange sans le faire exprès, sa mère l'avait fortement grondée et elle s'était retirée dans sa chambre en pleurant pour travailler à la construction de son nouveau cerf-volant.

Une autre fois, alors que son père n'était pas rentré pour dormir, elle entendit sa mère faire une colère terrible à son papa, au point qu'elle en oublia son déjeuner. Après avoir pleuré longtemps, elle travailla beaucoup à son cerf-volant.

Plusieurs fois par la suite, le cœur en détresse, elle eut à se retirer dans sa chambre pour continuer la construction de son cerf-volant. Les causes en étaient multiples: des querelles éclataient entre ses deux parents, ou bien son père la grondait sans raison, ou bien sa mère la punissait sans plus de motifs.

Puis, un jour, alors qu'elle avait presque terminé son cerf-volant, ses parents lui apprirent qu'ils allaient se séparer. Ce jour-là, elle pleura toutes les larmes de son corps sur son cerf-volant.

Par la suite, à l'école, ça n'allait plus très bien et ses ami(e)s la fuyaient peu à peu.

Quelques semaines plus tard, elle avait terminé son cerf-volant; elle était de plus en plus malheureuse et parfois, il lui arrivait même de perdre le goût de vivre.

Elle décida alors d'aller essayer son cerf-volant sur la colline enchantée. Ce dernier s'envola joyeusement et monta très haut dans le ciel en se baladant à droite et à gauche. Puis soudain, il vint se poser tout doucement sur l'épaule d'Haïda. Mystérieusement il se mit à lui parler: «Bonjour», dit-il. «Eh! tu parles!» dit Haïda tout étonnée et surprise! «Merci de m'avoir donné la vie, dit-il, sans toi je n'aurais jamais existé. J'ai vu tout ce que tu as vécu ces derniers temps et je crois que tu te tracasses beaucoup trop pour rien. Ce n'est vraiment pas de ta faute si tes parents ne sont plus ensemble; c'est entre ton père et ta mère que le conflit existe; toi, tu n'as rien à te reprocher. C'est eux qui se séparent; ils ne se séparent pas de toi. Tu continues de garder tes deux parents et même si ta maman demeure ailleurs, tu peux la visiter autant de fois que tu le veux.»

Après ces paroles, le cerf-volant reprit son envol tout délicatement et remonta gentiment vers le ciel.

Haïda se demanda alors si elle avait rêvé, mais elle continua à réfléchir à ce que lui avait dit le cerf-volant.

À la suite de cette rencontre inattendue, elle sut que désormais sa joie de vivre reviendrait et qu'elle verrait maintenant la vie d'une autre façon.

Peu à peu, elle retrouva ses amis et elle reprit de plus en plus confiance en elle; à l'école, tout allait pour le mieux. Elle avait compris que désormais elle serait heureuse et qu'il y avait même des avantages pour elle à ce que son père et sa mère ne demeurent plus ensemble car elle se rendait compte que, maintenant, eux aussi étaient plus heureux de vivre chacun de son côté.

# Iris

**Sujet traité:** Difficulté pour les enfants à accepter la séparation de leurs parents.

**Situation désirée:** Favoriser l'acceptation de la séparation de la mère lorsque l'enfant entre à la maternelle.
Soutenir un individu dans sa démarche lors d'une perte.
Déculpabiliser les gens en situation de séparation.

**N.B.:** Si l'enfant reste avec son père, on dit que c'est le père qui est parti et vice-versa; on peut également inverser les sexes (garçon-fille).

La princesse Iris avait passé sa plus tendre enfance sur la planète Amok. Actuellement, elle y vit avec le roi, son père.

Il y a quelques années, son père et sa mère qui ne s'entendaient plus très bien ont décidé de vivre chacun de son côté; sa mère avait alors accepté de régner sur la planète Kubik qui était située à quelques années-lumière de la planète Amok.

Iris n'avait jamais accepté que sa mère parte aussi loin, car elle ne la voyait pas souvent; deux ou trois fois par année, elle se rendait sur la planète Kubik et chaque fois, elle avait de la difficulté à revenir sur la planète Amok.

Elle aurait voulu que sa mère revienne habiter avec son père. Elle pleurait régulièrement et elle était souvent triste et malheureuse.

À l'école, ça n'allait pas très bien: ses notes étaient plus ou moins acceptables et elle manquait d'attention ou dérangeait les autres en classe et son professeur la grondait parfois. Elle était aussi très inquiète de sa mère qui vivait si loin d'elle et Iris avait peur qu'il lui arrive malheur.

Son père faisait tout pour la rassurer et l'aider mais il n'y réussissait pas beaucoup. La compagne de son père était également gentille avec elle et elle l'aidait à faire ses devoirs; elle l'aidait même parfois à décoder les messages intergalactiques qu'elle recevait de sa mère.

Une nuit, alors qu'elle pleurait silencieusement dans son lit, elle eut la visite de la fée des étoiles, tout habillée de bleu, qui arriva sur son balcon avant de pénétrer dans sa chambre par la fenêtre ouverte. Iris n'en croyait pas ses yeux.

La fée lui dit qu'elle avait senti qu'elle avait besoin d'aide et qu'elle était là pour cela. Iris sécha ses larmes et lui raconta ses gros problèmes.

La fée lui dit qu'elle était très courageuse et qu'elle était chanceuse d'avoir encore ses deux parents. Elle lui fit prendre conscience que tous les gens autour d'elle l'aimaient beaucoup et lui voulaient du bien. Elle lui fit remarquer aussi qu'elle avait la chance d'être princesse sur deux planètes mais que sa première responsabilité était de jouer son rôle sur la planète Amok, là où était sa résidence principale.

Sur ces paroles, la fée disparut dans un nuage d'étincelles.

Iris réalisa alors qu'elle dépensait beaucoup d'énergie à vouloir vivre sur deux planètes en même temps. Elle décida de faire confiance à sa mère pour conserver la beauté de la planète Kubik et de consacrer son temps à la planète Amok surtout.

Elle se sentit alors soulagée d'avoir moins de responsabilités et elle se rendit compte qu'elle avait beaucoup de temps pour améliorer et embellir les relations qu'elle entretenait avec ses proches.

Après quelque temps, elle s'aperçut que les deux planètes étaient toujours aussi belles et étincelantes l'une que l'autre et elle fut heureuse de constater que tout allait mieux pour elle tant à l'école qu'au château.

# Clara et Jerry

**Sujet traité:** Culpabilité d'un parent qui tente de compenser l'absence de l'autre par des choses matérielles.

**Situation désirée:** Déculpabiliser un parent face à l'absence de son conjoint.
Éviter la surprotection.
Faire confiance en la capacité d'adaptation de chacun.

C'était depuis que son mari était parti faire la guerre au Vietnam que la vie de Clara avait bien changé.

Avec son fils Jerry, elle demeurait en Californie, tout près de «Walt Disney World». Mais élever un enfant toute seule, ce n'est pas toujours drôle.

Clara travaillait à l'extérieur de la maison. Aussitôt rentrée, elle s'occupait du mieux qu'elle pouvait de son «Jerry».

La présence de son mari lui manquait beaucoup, tant pour elle-même que pour son fils.

Elle essayait bien de compenser l'absence de ce dernier en gâtant Jerry, mais celui-ci semblait malheureux: il ne parlait pas beaucoup, il avait peu d'amis et à l'école son comportement était difficile.

Alors Clara lui donnait souvent de l'argent pour s'acheter ce qu'il désirait ou aller manger au restaurant. Elle avait même répondu immédiatement à sa demande lorsqu'il lui avait manifesté le désir d'acheter une moto.

Un jour qu'elle était particulièrement triste, Clara décida d'aller se promener dans le parc de Walt Disney. À sa grande surprise elle y rencontra Peter Pan à qui elle exprima ses problèmes.

Ce dernier lui raconta que son père le magicien d'Ormoz était décédé alors qu'il était très jeune et que sa mère avait dû l'élever toute seule. Elle faisait tout ce qu'il lui demandait et elle lui donnait beaucoup de cadeaux.

Pourtant, il s'était fatigué de cette vie trop facile où il avait tout ce qu'il voulait sans avoir à fournir d'efforts. Il aurait eu plutôt besoin d'un meilleur encadrement, d'une meilleure communication avec sa mère, d'une présence plus rassurante et même parfois de se faire dire «non» à ce qu'il demandait. Il aurait alors été plus fier de lui et cela lui aurait donné la chance de développer plus son autonomie et sa confiance en lui.

Il aurait ainsi été plus outillé pour affronter les difficultés et les obstacles qu'il a rencontrés par la suite car il avait eu besoin de beaucoup d'aide pour parvenir à ce qu'il était aujourd'hui.

Sur ces paroles, Peter Pan repartit en direction du sentier des pas perdus.

Dans les jours qui suivirent, Clara repensa souvent à ce que lui avait dit le personnage légendaire et son attitude envers son fils changea peu à peu. Elle avait compris que ce n'est pas en donnant à Jerry des choses matérielles qu'elle pouvait compenser l'absence de son père; c'est plutôt en lui faisant confiance, en dialoguant avec lui et en faisant confiance à sa capacité d'adaptation.

La journée de ses 18 ans, Jerry était très fier de lui et il apporta une douzaine de roses rouges à sa mère pour la remercier de tout ce qu'elle avait fait pour lui.

# Hermine et Hector

| | |
|---|---|
| **Sujet traité:** | *Difficulté à identifier son (ses) rôle(s) à la suite de la perte d'un proche.* |
| | *Sentiment d'impuissance à la suite d'un événement imprévu.* |
| **Situation désirée:** | *Aider l'individu à:* |
| | *— cheminer à travers les étapes du deuil;* |
| | *— se déculpabiliser;* |
| | *— s'identifier à son nouveau rôle;* |
| | *— prendre conscience de ses limites et modifier son comportement en conséquence.* |

Toute une famille de chats vivait dans une ruelle d'un grand centre-ville. Ils étaient heureux car ils étaient protégés par le plus gros et le plus sage chat du coin. Hector ressemblait à un roi avec ses moustaches immenses et son poil extraordinaire. C'était aussi le père des chatons et son autorité ne faisait aucun doute.

Hermine, la mère, n'avait donc aucun besoin de se préoccuper de la survie de ses rejetons. Il ne lui restait qu'à les cajoler et à les aimer; elle n'existait que pour ses petits.

Le bonheur régnait et souvent ils chantaient le soir, au clair de lune, sur une vieille clôture. La mère veillait constamment sur ses petits, le moindre incident était vu comme très grave et rien ne devait entraver ce bien-être.

Le désastre se produisit cependant un jour qu'Hector, en cherchant de la nourriture, se fit malheureusement emprisonner dans une poubelle et se retrouva sans vie au dépotoir.

Ce soir-là et les jours suivants, la ruelle était bien vide sans lui...

La chatte Hermine, après de poignants miaulements, devait se résoudre à nourrir ses petits, à les aimer et à les protéger. Elle comprit, mais n'accepta pas pour autant que son protecteur Hector ne reviendrait plus. Elle devint donc père-mère et en oublia son identité.

Un soir, se sentant encore plus désemparée que d'habitude, elle miaula tout son désespoir à la Lune. Cette dernière, à sa grande surprise, lui sourit et lui dit: «Belle Hermine, bravo pour ton courage et ta détermination! Même si Hector est parti, tu ne dois pas essayer de jouer son rôle. Tu dois penser aussi à toi et demeurer toi-même en toutes circonstances malgré ce que les autres peuvent penser. Fais confiance à tes petits, ils prendront peu à peu leurs responsabilités.»

La chatte réfléchit longuement au message de la Lune et graduellement redevint Hermine et se permit de vivre sa vie de chatte et sa vie de mère.

Sa qualité de vie en fut d'ailleurs énormément améliorée et ses chatons furent heureux de la retrouver ainsi transformée.

Elle espérait même rencontrer un jour un matou gentil qui lui tiendrait compagnie et qui peut-être cheminerait éventuellement avec elle.

# Le cow-boy solitaire

**Sujet traité:** Perturbation de la vie conjugale, lors des tournants importants de la vie.

**Situation désirée:** Aider un couple à se réorienter ou à s'ajuster à la suite de différents bouleversements: crise de la trentaine, de la quarantaine, de la cinquantaine, départ des enfants, perte d'emploi, andropause, ménopause, préretraite, retraite, vieillissement, etc.

Jos Ringo Kid était le shérif le plus réputé de la vallée. Il était sévère et tous le craignaient. Mais tous aussi l'admiraient pour sa droiture, sa disponibilité et son honnêteté. Il ne parlait pas beaucoup, mais lorsqu'il disait quelque chose, tous l'écoutaient.

Aussitôt son travail terminé, il se rendait, le plus souvent seul, dans son territoire de chasse et de pêche pour goûter les plaisirs de la vie car c'est l'endroit qu'il aimait le plus pour se relaxer et se retrouver. Parfois aussi, il passait au «saloon» prendre quelques verres avec des amis.

Quelques années auparavant, Jos avait épousé Perle de rosée, la fille préférée d'un grand chef indien. Avec elle, il avait élevé trois fils qui volaient maintenant de leurs propres ailes.

Perle de rosée, une femme discrète, gentille et un peu soumise, s'était assez bien accommodée de la situation pendant que les enfants grandissaient, mais maintenant qu'elle se retrouvait seule avec Jos, elle était un peu désorganisée et désemparée. Étant une femme très sociable, la solitude de la forêt ne lui disait pas grand-chose; elle aurait plutôt préféré faire des activités qui lui donneraient l'occasion de rencontrer et d'aider les gens.

Un jour, alors que Jos était sur la piste d'un ours, il

se retrouva soudain en face du grand chaman Aigle noir qui s'adressa à lui en ces termes: «Salut à toi! Je tiens à te féliciter car tu fais un boulot de shérif remarquable. Tu es aussi un chasseur hors pair, mais je vois que tu ne réalises pas la solitude et la tristesse de Perle de rosée. Bientôt, lorsque ton travail de shérif sera terminé, tu pourras consacrer beaucoup de temps à courir les bois mais n'oublie pas ta compagne dans tout cela. Si tu veux la garder avec toi, tu devras discuter et dialoguer avec elle et faire des compromis pour que, tous les deux, vous puissiez faire une part de ce que vous désirez fondamentalement l'un et l'autre, pour être heureux.»

Aigle noir n'attendit pas la réponse de Jos pour disparaître et se retrouver instantanément dans la cuisine de Perle de rosée qui préparait le souper pour Jos qui n'arriverait probablement pas...

Cette dernière fut d'ailleurs très étonnée de voir apparaître ce personnage légendaire dans sa cuisine et elle ne sut pas quoi dire.

Alors Aigle noir s'adressa à elle: «J'ai senti ton amertume et je suis venu t'encourager. J'ai rencontré ton conjoint pour lui transmettre le message secret des couples heureux. Je veux maintenant te dire que, toi aussi, tu auras à faire des choix et à imposer ce que tu veux vraiment. Un couple ne doit pas nécessairement faire les mêmes activités au même moment pour être heureux, mais il doit se réserver des activités communes selon les intérêts de chacun.»

Perle de rosée voulut offrir un café à Aigle noir mais il était déjà parti, la laissant à ses réflexions.

Quelques semaines plus tard, après avoir réfléchi à ce que leur avait dit Aigle noir, nos amis éclaircirent peu à peu les objectifs de chacun et commencèrent à mettre en pratique leur nouvelle façon de vivre fondée sur la confiance mutuelle et le respect de leurs goûts individuels.

Dans les mois qui suivirent, ils furent de plus en plus heureux et ils expédièrent un message à Aigle noir pour le remercier de ce qu'il avait fait pour eux et ils lui promirent de continuer à cheminer ensemble.

# Conclusion

Mon souhait, cher lecteur, en écrivant ce volume sur les allégories est que cet outil extraordinaire puisse te servir dans tes relations avec tes proches, tes enfants, tes amis, tes élèves, tes clients, tes patients, etc.

Grâce à lui, tu feras aussi un cheminement intérieur qui t'amènera, je l'espère, à une vie comblée et créative.

Le simple fait de posséder un répertoire comme celui-ci peut sans doute te procurer un grand sentiment de maîtrise, de contrôle et de compétence.

Dans la narration de ces histoires métaphoriques, fais confiance à ton propre processus intérieur: «celui qui fait appel à l'amour et à la volonté, qui permet de saisir quand agir et quand cesser d'agir, selon un dosage approprié[51]».

Avec Monbourquette, disons que tu n'as pas à raconter les histoires; elles se diront d'elles-mêmes si tu les écoutes en toi. Reste toujours calme dans la confusion et l'impuissance. Alors les rideaux de ton théâtre intérieur s'ouvriront pour mettre en scène des personnages familiers ou étrangers, au milieu de décors improvisés, jouant des scénarios parfois inconnus de toi.

# Bibliographie

AUGER, Lucien, *Communication et épanouissement personnel*, Montréal, Éd. de l'Homme, 1972.

AUGER, Lucien, *Penser heureux*, Montréal, Éd. de l'Homme, 1981.

BETTELHEIM, Bruno, *Psychanalyse des contes de fées*, Paris, Éditions Robert Laffont, 1976.

BANDLER, Richard et GRINDER, John, *Les secrets de la communication*, Montréal, Éditions du Jour, 1982.

CAYROL, Alain, *La programmation neuro-linguistique*, revue *Psychologie*, n° 144, Paris, février 1982.

CAYROL, Alain et DE SAINT-PAUL, Josiane, *Derrière la magie, la programmation neuro-linguistique*, Paris, Éd. Interéditions, 1984.

DE LA GARANDERIE, Antoine, *Les profils pédagogiques*, Paris, Le Centurion-Formation, 1980.

DUNN, Louise, *Les méthodes des fables en psychanalyse infantile*, Paris, L'Arche, 1950.

DUPONT, Jacques, *Pourquoi des paraboles, La méthode parabolique de Jésus*, Paris, Cerf, 1977.

FOSSION, André, *Comment écrire un conte*, dans *Lumen Vitae*, vol. XXXVII, 1982, n° 4, 396-414.

FREUD, Sigmund, *Le mot d'esprit et sa relation à l'inconscient*, Paris, Éditions Gallimard, 1988.

FUGITT, Eva D., *C'est lui qui a commencé le premier*, Québec, Centre d'intégration de la personne, 1984.

GALYEAN, Beverly-Colleene, *Visualisation, apprentissage et conscience*, traduit par Paul Paré, Québec, Centre d'intégration de la personne, 1986.

GORDON, David, *Therapeutic Metaphors*, Cupertino, Californie, Meta Publications, 1978.

HALEY, Jay, *Un thérapeute hors du commun, Milton H. Erickson*, Paris, Éd. Épi, 1984.

HARRIS, Thomas A., *D'accord avec soi et les autres*, Paris, Éd. Épi, 1973.

JANSSENS, Nora, *Raconter une histoire, notre histoire?* dans *Lumen Vitae*, Vol. XXXVII, 1982, n° 4, 433-444.

KÉROUAC, Michel, *Les métaphores, contes thérapeutiques*, Sherbrooke, Les Éditions du IIIe millénaire, 1989.

KLINK, Johanne L., *Contes de fées et récits bibliques*, dans *Lumen Vitae*, Vol. XXXVII, 1982, n° 4, 377-384.

LAFONTAINE, Roger et LESSOIL, Béatrice, *Êtes-vous auditif ou visuel?* Verviers, Marabout, 1984.

LANGEVIN HOGUE, Lise, *Communiquer: un art qui s'apprend*, Éd. Un monde différent Ltée, 1986.

LECOMTE, Conrad et CASTONGUAY, Louis-Georges, *Rapprochement et intégration en psychothérapie. Psychanalyse, béhaviorisme et humanisme*, Montréal, Éd. Gaétan Morin, 1987.

LESSOIL-LAFONTAINE, Béatrice, *Gérer en auditif... ou en visuel?* Montréal, Les éditions Agence d'Arc, 1986.

LEWONTIN, Richard C., ROSE, Steven, KAMIN, Léon S., *Nous ne sommes pas programmés*, Paris, Éditions La Découverte, 1985.

MALAREWICZ, J.A., GODIN, J., *Milton H. Erickson, de l'hypnose clinique à la psychothérapie stratégique*, Paris, Les Éditions ESF, 1986.

MELLO, Anthony de, *Comme un chant d'oiseau...*, traduit de l'anglais par Ernest Richer, S.J., Montréal, Bellarmin, 1982.

MONBOURQUETTE, Jean, *Aimer, perdre et grandir*, Saint-Jean-sur-Richelieu, Éd. du Richelieu, 1983.

MONBOURQUETTE, Jean, *Comment pardonner?* Ottawa/Paris, Éd. Novalis/Centurion, 1992.

MONBOURQUETTE, Jean, *Les allégories thérapeutiques*, Ottawa, Université Saint-Paul, 1984.

PELLETIER, Denis, *L'arc en soi*, Paris-Montréal, Éd. Robert Laffont/Stanké, 1981.

POSTIC, Marcel, *L'imaginaire dans la relation pédagogique*, Paris, P.U.F., 1989.

ROGERS, Carl R., *Le développement de la personne*, Paris, Éd. Dunod, 1968.

ROSEN, Sydney, *Ma voix t'accompagnera*, Paris, Hommes et Groupes, 1986.

SIMON, Stany, *Le conte, valeur pédagogique et approche catéchétique*, dans *Lumen Vitae*, Vol. XXXVII, 1982, n° 4, 423-433.

SAINT-ARNAUD, Yves, *La personne humaine*, Montréal, Éd. de l'Homme, 1974.

VANASSE, Alfred, *Raconter des histoires... quelques aspects psychologiques*, dans *Lumen Vitae*, Vol. XXXVII, 1982, n° 4, 385-395.

WATZLAWICK, Paul, *Le langage du changement, Éléments de communication thérapeutique*, Paris, Le Seuil, 1980.

WILLIAMS, Linda V., *Deux cerveaux pour apprendre, le gauche et le droit*, Paris, Les Éditions d'organisations, 1986.

WILLIANS, Linda V., *Teaching for the two sided mind, a guide to the right brain/left brain Education,* New York, Touchtone book, Simon and Schuster, inc. 1983.

ZEIG, Jeffrey K., *La technique d'Erickson*, Paris, Hommes et Groupes Éditeurs, 1988.

ZEIG, Jeffrey K., *Milton Erickson, l'homme et ses méthodes*, dans la revue *Psychologie*, n° 144, Paris, février 1982.

# Notes

1. L. V. Williams, *Deux cerveaux pour apprendre, le gauche et le droit*, Paris, Les Éditions d'organisations, 1986, p. 69.

2. *Ibid.,* p. 45.

3. M. Kérouac, *Les métaphores, contes thérapeutiques*, Sherbrooke, Les Éditions du IIIe millénaire, 1989, p. 2.

4. Cette histoire rapportée par André Paré dans la revue *Intégration* a été racontée au départ par Josiane de Saint-Paul. Je l'ai adaptée par la suite en fonction des jeunes que je rencontre.

5. J. Monbourquette, *Les allégories thérapeutiques*, Ottawa, Université Saint-Paul, 1984, p. 6.

6. B. Bettelheim, *Psychanalyse des contes de fées*, Paris, Éditions Robert Laffont, 1976, p. 19.

7. A. Vanasse, *Raconter des histoires... quelques aspects psychologiques*, dans *Lumen Vitae*, Vol. XXXVII, 1982, n° 4, p. 391.

8. S. Rosen, *Ma voix t'accompagnera*, Paris, Hommes et Groupes, 1986, p. 19.

9. B.-C. Galyean, *Visualisation, apprentissage et conscience*, traduit par P. Paré, Québec, Centre d'intégration de la personne, 1986, p. 30-31.

10. A. Cayrol et J. de Saint-Paul, *Derrière la magie, la programmation neuro-linguistique,* Paris, Ed. Interéditions, 1984, p. 87.

11. L. V. Williams, *op. cit.,* p. 91.

12. *Ibid.*, p. 38-39.

13. *Ibid.*, p. 47.

14. *Ibid.*, p. 19.

15. J. A. Malarewicz et J. Godin, *Milton H. Erickson, De l'hypnose clinique à la psychothérapie stratégique*, Paris, Les Éditions ESF, 1986, p. 58.

16. S. Rosen, *op. cit.*, p. 45.

17. *Ibid.*, p. 28.

18. B. Bettelheim, *op. cit.*, p. 193.

19. S. Rosen, *op. cit.*, p. 40-41.

20. Erickson, Rossi, 1976, rapporté par M. Kérouac, *op. cit.*, p. 27.

21. S. Rosen, *op. cit.*, p. 21.

22. A. Vanasse, *op. cit.*, p. 385.

23. *Ibid.*, p. 387.

24. C. Lecomte et L.-G. Castonguay, *Rapprochement et inté-gration en psychothérapie. Psychanalyse, béhaviorisme et humanisme*, Montréal, Éditions Gaétan Morin, 1987, p. 208.

25. J. Monbourquette, *op. cit.*, p. 9-10.

26. J. Haley, *Un thérapeute hors du commun, Milton H. Erickson*, Paris, Éditions Épi, 1984, p. 33.

27. M. Postic, *L'imaginaire dans la relation pédagogique*, Paris, P.U.F., 1989, p. 19.

28. S. Rosen, *op. cit.*, p. 26-27.

29. *Ibid.*, p. 29.

30. B. Bettelheim, *op. cit.*, p. 196.

31. J. Monbourquette, *op. cit.*, p. 30-31.

32. *Ibid.*, p. 34.

33. R. Bandler et J. Grinder, *Les secrets de la communication*, Montréal, Éditions du Jour, 1982, p. 99.

34. A. Cayrol et J. de Saint-Paul, *op. cit.*, p. 83.

35. J. Monbourquette, *op. cit.*, p. 55.

36. *Ibidem.*

37. M. Kérouac, *op. cit.*, p. 3.

38. J. Monbourquette, *op. cit.*, p. 15.

39. S. Rosen, *op. cit.*, p. 209.

40. *Ibid.,* p. 107.

41. L. V. Williams, *op. cit.,* p. 84.

42. J. Monbourquette, *op. cit.,* p. 58.

43. *Ibid.*, p. 29.

44. Ces propos sont rapportés par Idnès Shah, dans *Contes soufis.*

45. L'idée de cette allégorie est tirée d'un petit texte intitulé: *Le petit poisson*, d'Anthony de Mello.

46. Ce texte est tiré du livre d'Anthony de Mello, *Comme un chant d'oiseau*, p. 77.

47. L'idée générale de cette allégorie est tirée d'un article de la revue *Femmes Plus*, mai 1989, *«J'ai apprivoisé la solitude»*, par Johanne de Bellefeuille.

48. Certaines idées de cette allégorie ont été puisées dans un article de la revue *Guide ressources*, novembre 1992, intitulé: *«Le retour des sages»*, par Paule Lebrun.

49. Ce texte est inspiré d'une allégorie rapportée par Jean Monbourquette dans son volume, *«Les Allégories thérapeutiques»*, p. 50.

50. L'idée de cette allégorie est tirée d'un fait divers dont je n'ai pu tracer l'origine.

51. E. D. Frigitt, *C'est lui qui a commencé le premier,* Québec, Centre d'intégration de la personne, 1984, p. 31.

# Index des allégories par ordre alphabétique

# Index des principaux mots clés se rapportant aux allégories